U0798498

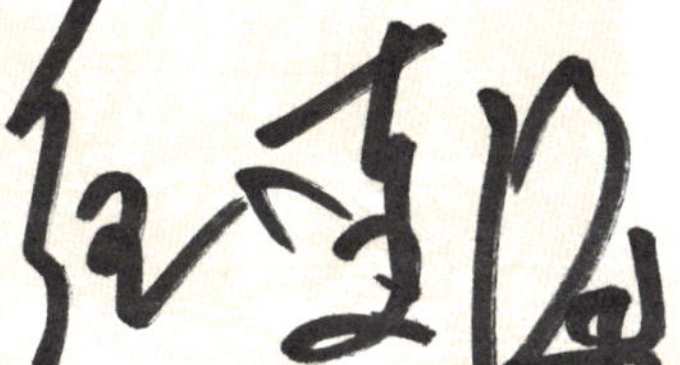

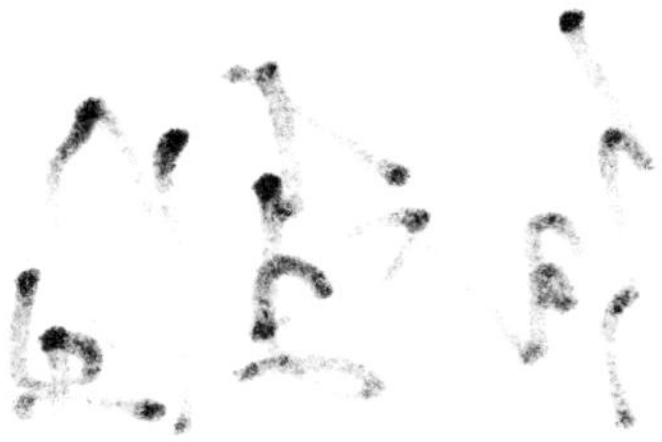

纪连海点评

中华上下五千年

人物卷

纪连海——著

中国工人出版社

序　言

作为《纪连海点评中华上下五千年》一书的序，需要做三点说明。

一是介绍。

这部名为《纪连海点评中华上下五千年》的书稿，实际上是分了上、中、下三卷的：上卷为人物卷，中卷为事件卷，下卷为器物卷。我们力图从三个不同的角度，为广大的读者朋友们展示一个比较完整的中华上下五千年的方方面面。

作为人物卷，本卷首先是一本人物故事书。对于广大的读者朋友们来说，人物故事是学习历史知识的主要方式。我们学习历史最直接的渠道就是听人物故事。人物故事生动有趣，才能激发我们学习历史的兴趣。

本书还是一本精选历史书。书中精选的三十位重要人物，不限身份，可以是帝王将相，也可以是才子佳人，更可以是平民百姓。他们的经历就是历史上的重要事件，他们的故事是中国历史的重要组成部分。我们学习他们的故事，便能直观地了解五千年的中国历史，掌握中国古代史的大概框架。

本书更是一本青春励志书。本书所选的三十位重要人物，以正面人物为主，通过阅读他们的主要事迹，我们还能学习上述人物身上的闪光点，帮助我们树立正确的人生观和价值观。

二是解释。

我们知道，五千年的中国历史里面，重要人物实在是太多太多了，这其中正面人物也实在是太多太多了。如何取舍，本书也是进行了认真斟酌的。

单以唐朝为例，我们只选择了唐太宗、武则天、唐明皇和白居易四位。居然没有诗仙李白！怎么能没有诗仙李白？相信但凡看了本书的读者朋友们都会问到这个问题。

在我看来，如果从唐朝史甚至整个中国古代史的角度观察，便可以知道，诗仙李白是作为盛唐的见证者、讴歌者出现的，而唐太宗、武则天、唐明皇三位，才是唐朝由草创到盛世的伟大事业的设计师。但是从安史之乱唐朝由盛而衰，到最终灭亡的一百多年时间里，白居易不仅仅是个见证者，更是个“螳臂当车”式的努力挽救者——虽然他的努力没能最终改变唐朝灭亡的命运，我们也还是要为广大的读者朋友们展示一个诗人之外的政治家白居易。

三是感谢。

这部名为《纪连海点评中华上下五千年》的书稿得以出版，首先要感谢“学而思”这个 APP 平台，是他们邀请我在他们的平台上先后主讲了《纪连海给青少年讲上下五千年》《纪连海给青少年讲清朝十大人物》《纪连海给青少年讲课本里的大事件》等内容，这才有了让我们换个角度学习历史的思考和努力，进而有了《纪连海点评中华上下五千年》的书稿的雏形。

《纪连海点评中华上下五千年》的书稿得以出版，还要感谢中国工人出版社的领导和编辑。是出版社相关人员的不断努力，才使得《纪连海点评中华上下五千年》由声音（音频）变成了文字，让我在追求著作等身的道路上又前进了一步。是出版社编辑的细致工作，才使得《纪连海点评中华上下五千年》一书中的错漏减少到最小的程度。

是为序。

纪连海

2021 年 6 月 11 日于北京朝阳来广营

目 录

中华民族始祖炎黄

炎黄指的是炎帝和黄帝，在那个文字都没有出现的远古时代，帝王当然也是不存在的，所以古书上记载的炎帝和黄帝二人的真实身份，是远古时代黄河流域的两个部落首领。因为他们二人的功绩卓著，是塑造整个中华民族的始祖，后人为了表达对他们的尊敬，才尊称他们为炎帝和黄帝。

炎帝神农氏

炎帝是传说中的华夏民族的始祖之一，年龄要比黄帝稍长一些。在传说中，炎帝长着牛的脑袋和人的身子，这当然是一种夸张的比喻。真实情况很可能是由于炎帝身形壮硕，在那个普通人都比较瘦小的人群中显得十分伟岸。

由于炎帝特殊的外形和勤劳勇敢的品质，他在成年之后被人们推举为部落的首领，也因为他的部落居住在炎热的南方，大家就称他为炎帝。

炎帝还有另外一个称呼叫作神农氏，顾名思义，炎帝一定是为人民做了很多与农业有关的贡献。

在远古时代，人们依靠狩猎和采集为生，食物的来源非常不稳定，整个部落过着饥一顿饱一顿的日子，所以摆在人们面前的最大问题便是如何解决温饱，而炎帝正是帮部落解决了这个问题。

传说有一次，炎帝见到鸟儿衔着植物的种子飞过，他立即想到植物的播

《神农图》

选自明代仇英的《帝王道统万年图》。“五谷初艺，百草初尝。长养人寿，俾炽而昌”。神农氏跋山涉水，不仅亲尝百草，更是发明农具，帮助百姓农耕。

种很可能就得益于鸟儿。既然鸟儿能够帮助植物播种，那么人也应该可以，于是他思考如何将植物的种子保存和培植下来，由此原始农业便出现了。

有了农业，炎帝又创见性地解决了农业的效率问题。他发现人们徒手耕种土地很困难，于是又发明了用于平整和翻耕土地的农具耒和耜。耒和耜是中华民族最早的农业工具，正是因为它们的出现，才让我们的祖先在农业的道路上越走越远。

不过在农耕刚刚出现的时候，人们依然没有放弃早先的采集狩猎，捋草籽、采野果、猎鸟兽依然被人们当作获取食物的方式。但另一个问题也就摆在了人们面前：五谷和杂草长在一起，药物和百花开在一起，哪些植物可以吃，哪些植物不能吃，谁也分不清。

在这种情况下，炎帝亲自去田地里尝遍各种植物，最后他尝出了麦、稻、谷子、高粱等能够广泛种植的植物。

当然，尝遍植物让炎帝也成就了另一项伟大的功绩，那便是帮助人们将有毒的和能够治病的植物也品尝了出来。

在此之前，生病的人们只能够听天由命，但经过炎帝尝百草、定药性之后，人们便开始逐渐了解了草药。有了草药之后，人们在面对疾病时所受的痛苦就减少了，寿命也得到了延长。

当然，炎帝教人们种植五谷，发明耒耜，遍尝百草，为民治病，这些毕竟都属于神话传说。我们可以大胆地推断，历史上的这些功绩很可能不是炎帝或某一个人能够完成的工作，而是我们中华民族整体智慧的累积。

当然，在远古时代，随着人口的增长，在狩猎和采集已经不足以填饱肚子、必须扩充粮食来源的情况下，我们的祖先也必然经历过一段需要尝百草来鉴别各种植物是否能吃、是食物还是药材的阶段。

而炎帝作为当时带领我们的祖先从以狩猎和采集为主要谋生手段，转向以农耕为主要生产和生存方式的带头人，确实是值得我们尊敬和崇拜的。因此，我们才会将炎帝尊为中华民族的农业之祖、药学之祖和茶祖！

轩辕黄帝

与炎帝同时代的黄帝则更具有传奇色彩。在传说中，黄帝“生而神灵，弱而能言，幼而徇齐（伶俐），长而敦敏，成而聪明”。

这段出自《黄帝内经》中的话的意思是：“黄帝刚生下来时便很聪明伶俐，年龄还很小时就善于言辞，幼年时对事物的理解力很强，长大后，不仅思维敏捷，而且忠厚诚实。”

因为有这样优秀的品质，黄帝也被部族中人推举为首领。和炎帝一样，黄帝对部族的最初贡献也是发明创造。

黄帝像

选自《古今君臣图鉴》。黄帝为三皇中的地皇，是华夏族部落联盟的首领，因统一了中华民族而被尊为中华民族的始祖。相传，他是少典之子，本姓公孙，因长居姬水，所以改姓姬，居轩辕之丘（在今河南新郑西北），故号轩辕氏，建都于有熊（今河南新郑），亦称有熊氏，因有土德之瑞，故号黄帝。有后世学者认为，黄帝时代是中国远古史上大洪水发生以前最强盛的时代。

在黄帝之前，人们的住所是用树枝和泥土建造的，不但不结实，而且遮风避寒的效果也不好。黄帝发明了用石块建筑房屋的方法，让房屋变得无比坚固，从此人们便开始了定居的生活，村落、集镇乃至规模化的城市也应运而生。

除此之外，黄帝也面临着与炎帝共同的问题：人口的增长、部落的壮大需要更多更稳定的粮食来源。面对这个问题，黄帝选择了迁居，带领部落迁徙到了水草更丰美、土壤更肥沃的地方。

几经辗转，黄帝率部落迁徙到了今天的河北地区，当时那里有适宜农耕的宽阔谷地和可供狩猎的山林，黄帝部落觉得此地环境非常优越，于是便定居了下来。

与此同时，炎帝也率领他的族人开始长途跋涉，他们来到了今天河南东部地区，并在那里安顿了下来。炎帝部落和黄帝部落就这样成了近邻。

《黄帝内经》

《黄帝内经》是我国最早的典籍之一，也是中国传统医学四大经典之首。相传为黄帝所作，但后世较为公认此书最终成型于西汉，由中国历代黄老医家传承增补发展创作而来，取名“黄帝”在于崇本溯源，借以说明中国医药文化发祥之早。

涿鹿之战

在炎黄两大部落的东面，今天的山东地区，则世世代代居住着最早冶炼青铜、制作头盔与铠甲的东夷（九黎）部落，他们的部落首领是蚩尤。

在传说中，蚩尤有八十一个兄弟，但事实上很可能是所谓的东夷（九黎）部落是由八十一个小部落组成的。这个部落联盟能征善战，对于周围其他部落是一个极大的威胁。

当炎帝部落和黄帝部落完成迁徙之后，整个中原

黄帝

选自明代仇英的《帝王道统万年图》。

炎帝

清代佚名绘。炎帝又称赤帝、烈山氏，名石年，相传他牛头人身，是以羊为图腾的氏族的首领。阪泉之战后，黄帝部落和炎帝部落渐渐融合成了华夏族。华夏族在汉朝以后称为汉人，唐朝以后又称为唐人。炎帝和黄帝也是中国文化、技术的始祖。

地区就面临着一场大战了。因为地域资源有限，三个大首领和三个大部落都企图占据中原地区，在无法实现妥协的情况下，战争就不可避免了。

冲突首先在蚩尤部落和炎帝部落之间展开，炎帝部落不敌能征善战的蚩尤部落，为了维持生存，于是向黄帝部落求援。

黄帝果断决定出兵帮助炎帝，炎黄联军向蚩尤部落进发，双方最终在涿鹿这个地方相遇了，一场决定中华民族命运的战争就这样展开。

涿鹿之战的最终结果是蚩尤领导的东夷（九黎）部落联盟落败，尽管他们兵力雄厚，兵器装备都优于炎黄部落，但由于连年对外扩张，早已兵疲马困，完全打不过精诚团结的炎黄部落。

此后东夷（九黎）部落联盟不复存在，一部分融入炎黄体系，其余不愿意臣服于黄帝和炎帝的则四散逃开，其一部分流落到洞庭湖与鄱阳湖之间的长江流域，称为三苗；另一部分仍在山东半岛，世代与炎黄后人为敌。

涿鹿之战的胜利，有力地奠定了炎黄联盟据有广大中原地区的基础，并起到了进一步融合各氏族部落的催化作用。取得这场战争胜利的部族首领黄帝和炎帝从此成为中华民族的共同祖先。

炎黄统一

传说中，涿鹿之战之后，嫉妒黄帝统治地位的炎帝主动挑起了阪泉之战。最终的结果是黄帝战胜了炎帝，炎帝败得心服口服，发誓不再与黄帝抗衡。此后，黄帝、炎帝连同分别从属于他们的一些部落正式成为一体，黄帝的领导地位也得到了确立，中华民族就此拉开了英雄时代的帷幕。

成为统一部落首领后黄帝的权威得到了提高，他集审判权、祭祀权、军事指挥权与生产指挥权于一身。属下各部落都需要听从他的号令，有不听从号令的，黄帝便会同整个炎黄部落出兵征伐。

黄帝还开山修路，努力打通属下各个部落之间的地理隔绝，增进部落之间的交往。传说黄帝一生“未尝宁居”，晚年出巡时死在荆山，后来人们将他护送回西北地区，葬在今天陕西黄陵县的桥山之上，这就是我们今天所见的黄帝陵。

由于黄帝后来被追尊为华夏的祖先，后人便把远古时代的许多创造发明都归功于他和他的“大臣”们，例如说黄帝建造屋宇，开凿水井，缝制衣冠，制造舟车弓弩，炼石为铜，创制乐律；黄帝的妻子嫘祖发明育蚕；黄帝的“大臣”仓颉创造文字，伶伦造律吕，大挠始作天干地支纪年法；等等。

无论如何，炎帝和黄帝作为中华民族在远古时期的第一代领袖，为中华民族的发展奠定了基础，从这个角度来看，他们被尊为中华始祖是实至名归的。

同时我也认为，中国人称自己是炎黄子孙，主要是从文化和文明的角度来说，强调的是血缘与文化的统一，所以我们说炎黄二帝是人文始祖，我们是炎黄子孙。

当然，整个民族的文化和文明肯定不是一两个人单独创造出来的，而是由那个时代所有的华夏先民共同完成的，炎黄二帝则是他们的杰出代表。

仓颉像

选自《历代帝王圣贤名臣大儒遗像》。仓颉造字是中国古代神话传说，相传，人们结绳和刻木记事，后来根据生产生活的需要，仓颉“始作书契，以代结绳”，被后人尊为“造字圣人”。这是中国古代文字由来的传说。

中国第一位女将军妇好

中国是世界四大文明古国之一，为什么我们能够屹立在文明古国当中呢？答案就是：在全世界所有的有文字记载的文明国家和地区里，中华文明历史的悠久程度排在前列，而这当中最具有代表性的便是我们的文字——甲骨文。

商朝的甲骨文是目前发现的中国最早的成熟文字，也就是说从商朝开始，这些刻在龟甲、兽骨上的文字就将中国历史带入了一个真正可信的时代，也就是考古学上所说的“信史”阶段。

文字承载着信息，信息书写着历史，那么在甲骨文中，谁的信息比较多呢？答案可能会让你有些意外，因为留下信息最多的是一位名叫“妇好”的女人。

妇好是商王武丁的王后，也是有记载的中国历史上第一位女将军，不过在漫长的历史中，因为信息的湮灭，我们一直不知道有妇好这个人的存在。直到近代，经过考古学者的研究，才让妇好这个具有传奇人生的女性出现在了我们的面前，而这一切都要归功于甲骨文。

夏商开继

据传说，在炎黄二帝之后，黄河流域又先后出现了尧、舜、禹这几位杰出的部落联盟首领。那个时候的部落联盟首领是通过民主推荐，即“禅让制”

帝尧（公元前 2307—前 2247 年，一说约公元前 2377—前 2259 年）

名放勋，帝喾次子，黄帝的五世孙。上古时期的圣贤君王，尧的部族和太原先民共同创造了龙山文化。其在位时期，有德政，做到了『九族既睦』。

帝舜（约公元前 2147—前 2067 年）

名重华，传说是黄帝的八世孙，因生于姚墟，故姓姚，冀州人。舜受尧的禅让而称帝于天下，建都蒲阪（今山西永济），国号“有虞”，故号为“有虞氏帝舜”。

帝禹（生卒年不详）

传说是颛顼的曾孙，黄帝轩辕氏第六代玄孙。他是中国古代与尧、舜齐名的圣贤君王。上古时期，黄河流域洪水为患，禹主持治水后，疏通河道，拓宽峡口，让洪水能更快地通过。大禹治水13年，最终完成了治水的大业。

夏启（生卒年不详）

启是大禹的儿子，他创建了我国第一个奴隶制国家——夏朝。“世袭制”最后代替“禅让制”，“家天下”正式确立，是启这一时期完成的。

选拔出来的。人民推举了尧，而尧在晚年的时候又把部落联盟首领的职位禅让给了非亲非故的舜，舜在晚年的时候，又把部落联盟首领的职位禅让给了拥有治水功绩的禹。

不过禅让制在禹死后就宣告终结了，因为禹将首领的位置传给了自己的儿子启，启将自己统治的部落联盟命名为夏，中国史书中记载的第一个世袭制朝代——夏朝就此开始。

夏朝在启之后延续了四百多年，直到它的最后一任统治者桀。桀残暴昏庸，他建立的政权最终被商部落的首领汤所推翻，汤在夏的废墟上建立了新的国家，那就是商朝。

在汤之后又过了五百多年，商朝被西方的周所灭亡，而随同商朝一起灭亡的还有它的历史和文化，因此在漫长的历史中，关于商的记载一直没有见诸史籍。直到 120 多年前，甲骨文在机缘巧合之下被学术界发现，通过对这些原始的文字进行分析解读，商朝终于逐渐揭开了它神秘的面纱。也就是在这个时候，商王武丁的王后，中国历史上的第一个女将军妇好也逐渐被人们所了解。

妇好墓

河南省安阳市有著名的殷墟遗址，在遗址西边距离洹河不太远的地方有一个高出正常的地面约半米的土岗，这个土岗原本一直是个荒地，在 20 世纪 70 年代，安阳市政府想要把这块土岗平整成为农田，没想到却因此发现了一个庞大的墓穴。

在平整土地的过程中，施工人员发现有古代建筑遗迹，于是启动了考古程序。考古工作者在对这块土岗进行了考古钻探之后，竟然发现下面是极其密集的夯土房基，这代表这里很可能曾经有过一个重大的工程。于是，考古工作者又进行了进一步的挖掘，经过挖掘得出结论，这里是一个规模一般的

『妇好』鸟足铜鼎
商代后期（公元前1300—前1046年），1976年安阳市殷墟妇好墓出土。饪食器。河南博物院藏。

三足提梁铜盉
商代后期（公元前1300—前1046年），1976年安阳市殷墟妇好墓出土。酒器。河南博物院藏。

『妇好』圈足铜觥
商代后期（公元前1300—前1046年），1976年安阳市殷墟妇好墓出土。酒器。河南博物院藏。

“竖穴墓”。

然而随着对“竖穴墓”发掘的继续，惊喜却接二连三地出现，不断有国宝级文物从墓穴中被挖出。最后，经过彻底的挖掘，这个墓穴一共出土了1928件珍贵文物，文物中有玉器、宝石器、象牙器、骨器、蚌器等，其中更有468件青铜器，考古学家还发掘出戈、钺、镞等武器，这当中两件精美的大铜钺更是让人惊叹。其中一件大铜钺长39.5厘米，刃宽37.5厘米，重达十八斤，钺上饰双虎扑噬人头纹，有“妇好”二字铭文。

据专家考证，这件大铜钺不是实战兵器，应该是某位将领统率兵马的权力象征，是一种特殊的礼器，而这位统率大军的将军就是妇好。

为什么专家们认定这位将军是妇好呢，因为在出土的青铜器上有109件刻有“妇好”的名字，在发现的甲骨文上，更有二百多片提到妇好的故事，比如“辛巳卜，登妇好三千，登旅万，呼伐羌”……

妇好墓的发现，给中国考古学界和先秦史研究提供了大量的研究素材，也重新燃起了中国人对华夏发源的兴趣。那么，妇好墓、甲骨文中的妇好又到底是谁呢？

妇好其人

妇好，名叫好，妇不是她的姓，而是当时一种亲属之间的称谓，又或是一种尊称。妇好是商代第23代商王武丁的王后，武丁被称为中兴君主，武丁重要的辅佐之人就是妇好。作为一个女性，妇好又做过哪些惊天地、泣鬼神的事呢？

首先是打仗。妇好的第一次统兵作战源于羌人对商边境的进攻，面对羌人屡屡的进犯，武丁手下将领始终没有能够战胜对手，这让商朝逐渐处在了劣势地位。就在这时，妇好主动请缨，要求带兵出征羌人，武丁于是派给妇好一支13000人的大军，妇好率军出征，最终大胜羌人，一战成名。

武丁看到了妇好的军事天赋，便开始派妇好征战四方，结果妇好屡战屡胜，为商朝取得了良好的外部环境。妇好出征，依靠的不仅仅是勇猛，更重要的是她还会使用计谋。相传在与今天湖北省西南部的巴方作战时，妇好根据战场形势巧妙设伏，成功截断了巴方军队的后路。当正面的商朝部队击败巴方部队后，溃败下来的巴方士卒便钻入了妇好事先布置的“口袋”中，妇好将他们一举歼灭，这也是有文字记载的中国历史上最早的设伏歼敌战役。

每次妇好统兵凯旋，武丁都要亲自出门迎接，设宴为妇好庆功，妇好墓中很多的文字描述的都是妇好凯旋的场景。

除了一流的军事才能之外，妇好还拥有一个特殊的职位，那就是主持祭祀的占卜官。

梦赉良弼

出自典故《尚书·商书·说命》。选自《帝鉴图说》的上篇《圣哲芳规》。讲的是商高宗梦见忠臣并寻觅忠臣的故事，这个被寻觅的臣子就是我们耳熟能详的“举于版筑之间”的传说。商高宗仁政，礼贤下士，是个任用贤臣的明君。

历代商王，包括妇好的丈夫武丁在内，统治国家的一个重要手段就是利用宗教和占卜的力量。武丁就是通过占卜这种手段，把自己的尊严建立起来，从而增强了对臣属和百姓的威慑力和控制力。

在那个蒙昧的时代，人们迷信鬼神，崇尚天命，因此祭祀占卜非常盛行。特别是商王室，面对国家大事几乎每次都要反复占卜、祈问鬼神。所以在商朝，祭祀是最重要的国事活动之一。

祭祀如此重要，掌握这项最高神职权力的祭司当然也十分关键。商朝的祭司要有广博的学识、崇高的地位，因为商朝人认为，只有这样的人才能与鬼神沟通。而这些祭司也通过与鬼神“沟通”，最后成为国家重大事务的实际决策者。

按照商代礼俗，祭祀中供奉的祭祀品上应该出现供奉人的名字。而在妇好墓中发现的大量青铜礼器，包括首次发现的商朝巨型炊器，上面都刻有“妇好”的铭文，可见妇好生前受命主持祭祀的规模之大以及参与祭祀活动的次数之多。

除铭文之外，甲骨文的记载也印证了妇好是王室中一位学识超凡、地位至高的祭司。她祭祀王室中已经去世的祖母，也祭祀至高无上的天地；在祭祀中她会用酒，也会用火；她会屠杀牲畜献祭，也会屠杀俘虏献祭。

商代占卜

在殷墟的考古发掘中，还发现了一些刻有“妇好”的龟甲，而这些可能就是妇好进行占卜的证据。

商朝人的占卜方式是取整治好的龟甲用火烧炙，使龟甲兽骨烧裂出焦纹。占卜人再根据焦纹的纹理判断凶吉，决定事情能不能做，并将占卜的结果和以后发生的情况刻写在同一块甲骨上。

占卜前很重要的准备工作就是整治龟甲兽骨，因为龟甲兽骨不经过整治

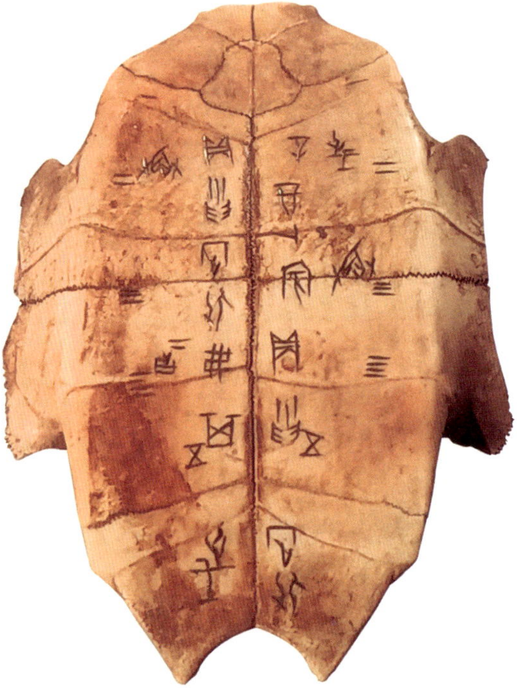

龟甲兽骨文

甲骨文是中国的一种古老文字，刻在龟甲或兽骨上，又叫『卜辞』『龟甲兽骨文』等。是目前中国已知最早的成熟汉字，最早出土于河南省安阳市殷墟。中国商朝晚期皇室用于占卜或记录。

是烧炙不出焦纹来的。整治就是将龟甲上残留的肉渣皮筋等除去洗净，等待它干燥后再用特制的青铜钻在上面钻出一定数目和一定间隔的小圆孔，以备占卜时用火柱烧炙。经过整治的甲骨才会呈现出裂纹。当时能够胜任这项工作的只有卜官，卜官不仅要亲手整治龟甲兽骨，还要将此事记录成卜辞，刻写在经自己整治过的甲骨上以示庄重。

我们可以在脑海中设想那个场景：妇好先在火上烧灼龟骨，骨片遇热，表面开始出现裂纹，发出轻微的卜卜声，这时妇好好像聆听到神明的回声，然后将它们记录在甲骨上。可见，妇好不但可以主持祭祀、诵读祭文，还可以刻写甲骨文字，具有相当高的文化水平，是一位文武双全的女才人。

卜辞里记载妇好参与的政务也不少，武丁经常派妇好外出办事，而每当妇好在外办事，武丁便也会对妇好的情况进行占卜，卜辞常会问“妇好其来？妇好不其来？”意思就是妇好是不是要归来。还占卜问“贞：呼妇好往，若？”

就是贞问武丁命令妇好到某处去，顺利吗？妇好要派人去做事，卜辞说“妇好使人于眉”，就是派人到眉这个地方去做事。

据记载，妇好还会见多妇。所谓“多妇”就是武丁众多后妃的通称，武丁的后妃见于卜辞的就有六十多位，她们来自不同的方国和部族，身份都很高贵。妇好召见多妇，可见妇好的身份要比多妇们要高。

妇好还会见老人。“老”就是耆老，是指当时诸侯贵族中年高德昭的老人。统治者会见耆老是为了表示自己尊老敬老，爱护臣属。这件事情武丁也派妇好去做，可见他对妇好的信任，同时也看出妇好地位的高贵不凡。

犯人或奴隶逃走了，武丁也让妇好去抓捕。总之，妇好参与的事务非常多，凡是男人们能干的事情，妇好都有所参与，真可谓是巾帼不让须眉。

可以说，妇好是中国历史上拥有封地与军队的第一位女性，妇好的故事，让演义中的杨门女将与花木兰都黯然失色。然而就是这样一位主持商朝征伐与祭祀的妇好，却三十余岁死于难产，让人无比惋惜。

大概是相爱至深的缘故，在妇好死后，武丁不但厚葬了她，还破例将她下葬在自己的宫室旁边，以便随时能看到她、守护她。每当国家有战事和庆典活动，武丁都要亲率子孙大臣，为妇好举行大规模的祭礼，请求她的保佑。武丁害怕妇好一人在地下孤独，更在卜辞中写期望自己的祖先可以去迎接她、好好照顾她，这个卜辞，再一次让人看到了千百年前，一位国君对于自己妻子的眷恋之情。

春秋五霸之首齐桓公

妇好和武丁的时代过去了，在这之后的商朝又存在了一百多年，直到被一个新兴的周朝所取代。周朝存在了二百多年之后发生了一件大事，公元前 771 年，周边部落犬戎攻入了周朝的首都镐京，周朝迁都到了东边的洛邑，因此历史上以公元前 771 年为界限，将迁都之前的周朝称为西周，迁都之后的周朝称为东周。

东周时期，周朝对天下已经不像之前那么有统治力了，很多大大小小的诸侯纷纷崛起，为了土地和人口彼此征战，全然不听从周天子的命令。这些诸侯的纷争从公元前 770 年进行到公元前 476 年，持续了接近 300 年，他们的故事被伟大的教育家孔夫子写进了一本名为《春秋》的书，所以后人又将这段历史称为春秋时期。

在春秋时期漫长的战争中，先后出现了五个特别能征善战的霸主，他们雄踞一方，在某种程度上代替了周天子的权威，历史上将他们并称为春秋五霸，而在这五位霸主中最值得一提的就是第一位霸主齐桓公。

齐桓公夺位

作为春秋时期第一位霸主的齐桓公，其实原本没有当齐国国君的资格。那么，他的国君之位是怎么来的呢？

齐国是周朝建立时著名大臣姜子牙的封国，姜子牙受封侯爵，所以齐国就是姜姓侯爵国。公元前 698 年，齐国国君之位传到了第十四代齐襄公的手中，但齐襄公荒淫无道，最终被大臣杀死，齐国出现了短暂的权力真空。

在之前，齐襄公的父亲齐僖公有三个儿子，大儿子就是继位的齐襄公诸儿，另外两个儿子则是公子纠和公子小白。齐襄公在位时，两位弟弟怕被混乱的朝政波及，因此纷纷在外国避难。齐襄公的死讯传来，因为他是被国人谋杀，并且孩子还小，两位弟弟便有了登上国君之位的可能，于是公子纠和公子小白便火速返回齐国争夺国君之位。

当时在公子纠和公子小白身边分别有一位谋士，公子纠的谋士是管仲，公子小白的谋士则是鲍叔牙。谁能够继承齐国的君位呢？这就要看管仲和鲍叔牙二人的智慧了。

管仲的祖先与周王室同宗，因此他是姬姓，不过到管仲时家道已经中落，年轻时的管仲几乎一贫如洗。为了谋生，管仲做过当时认为微贱的商人，之后他几次想当官，但都没有成功。就在此时，他认识了同乡鲍叔牙，长期的交往中，两人结下了深情厚谊，管仲多次对人讲过："生我的是父母，知我的是鲍叔牙。"再后来，管仲和鲍叔牙分别到了公子纠和公子小白身边。

齐襄公还没有被刺杀之前，具有政治远见的管仲和鲍叔牙就已经预感到齐国将会发生大乱，所以他们都替自己的主子想方设法找出路。公子纠的母亲是鲁国国君的女儿，因此管仲就护送公子纠逃到了鲁国。公子小白的母亲是卫国国君的女儿，相对于鲁国来说卫国更为安全，但鲍叔牙却没有让公子小白去卫国，而是随同公子小白跑到齐国的南邻莒国，以便时时观察齐国的政治动向。虽然两拨人去的地方一南一西，目的却是同一个：静观事态的发展，伺机而动。

现在，齐国出现了权力真空，对于他们来说机会也就到来了。在莒国的鲍叔牙先听到消息，他十分着急，力劝公子小白快速回国，并亲自为公子小白驾车，日夜兼程往齐国赶。

而管仲为了使公子纠当上齐国的国君，便带领人马埋伏到了公子小白回国的必经之路，企图半路将公子小白劫杀。在混战中，管仲一箭射中了公子小白的衣带钩。公子小白顺势倒在战车中，佯装已被射死。管仲远远地看到之后，很放心地回到鲁国，并不急不慢地护送公子纠返回齐国。

这边管仲率部刚走，公子小白立即“复活”，他在鲍叔牙等人的护送下快马加鞭地跑回了齐国，登位成为齐桓公。管仲闻知此事后悔不已，但大局已定，于是只能护送公子纠逃回鲁国。而齐桓公为报一箭之仇，命鲍叔牙给鲁国国君写了一封信，信中说：“公子纠是齐国国君的兄弟，我不忍杀他，请鲁国把他杀了。公子纠的老师管仲则是齐国国君的仇人，请鲁国把他送来，剁成肉泥。如不从命，我们就要出兵讨伐鲁国。”

接到信的鲁国国君害怕了，于是下令杀了公子纠，并把管仲囚禁了起来。

管仲拜相

齐桓公虽然登上了君主高位，但面对的却是一个烂摊子。齐襄公在位十年，齐国不但与周边诸侯国交恶，国内更是分成了几个派别互相攻击。

对于此时的齐桓公来说，保住江山都很困难，更不要提成为中原的霸主。那么，齐桓公又是怎样安定下齐国的局势，进而一步步成为春秋时期的霸主的呢？答案就在管仲身上。

要知道，就在不久之前，辅佐公子纠的管仲还是齐桓公的政敌，并曾一箭射中齐桓公的衣带钩，差点要了他的命，因此也是齐桓公的仇敌。对身兼政敌加仇敌的管仲，齐桓公非碎尸万段不足以解其恨，又怎么会任命他为宰相呢？有一个人起了关键作用，这个人就是管仲的好朋友鲍叔牙。

鲍叔牙对齐桓公说，如果想要安定齐国，有自己的辅佐就够了，但想要安定天下，则必须把管仲找来辅佐不可。在鲍叔牙的力荐下，齐桓公最后放下了个人恩怨。

齐桓公命人择定良辰吉日，用“郊迎”的大礼亲自迎接从鲁国归来的管仲，为了让管仲感受到自己的诚意，齐桓公还与他同车进城。

见面之后，桓公与管仲一连谈论三日三夜，句句投机，他随即拜管仲为相国，且尊称为“仲父”。此后的日子里，齐桓公一直对管仲言听计从，专任不疑。桓公常嘱咐身边的人说：“国家大政，先禀仲父；有所裁决，任凭仲父。”

从此，在鲍叔牙的协助下，管仲出谋划策，掌权全局，在齐国顺利实行了他的治国之道。

管仲之谋

齐桓公任用管仲对齐国进行改革，经过改革之后的齐国很快迎来了盛世，国泰民安、兵强马壮的齐国已经有条件傲然于东方了。那么，管仲的改革方略都有哪些呢？

首先，在政事方面。管仲在齐国实行国野分治之法，国都为国，其他地方为野。国中设二十一乡，其中工商六乡，士十五乡。对于野，设五属大夫分别治理，各自划定属地以明确责任，每年正月，五属大夫要向桓公汇报述职，桓公根据政绩来进行奖惩。在行政体系上，管仲划分出各级官员的职权范围，要求他们兢兢业业，不许荒废政事。

春秋时期黍虺纹铜敦

1936年辉县琉璃阁甲墓出土。盛食器。河南博物院藏。

其次，在军事方面。管仲实行军政合一、兵民合一的制度。他设五乡一万人为一军，十五乡共三军。农闲时训练，有战事时出征。为解决武器不足的问题，管仲又规定犯人在犯罪后可以用兵器赎罪。犯重罪的可以用甲和戟赎罪，犯轻罪的可以用盾和戟赎罪，犯小罪的可以用金属赎罪，赎罪的铜用来铸兵器，铁用来铸农具，而诉讼成功则要交一束箭。从此，齐国的兵器也渐渐充足起来。

改革之后，齐国国力大为增强，这就为齐桓公走上称霸道路奠定了基础。但是要想完成称霸大业，还需要有一个好的外交策略。因为想要称霸，就必须攻打不服气的国家，但是打仗总需要师出有名，尤其是诸侯国名义上还都归属于周天子，贸然攻打其他国家不但不会让人服气，还会招致非议乃至于围攻。但管仲毕竟不是常人，他告诉齐桓公有一个外交策略非常合适，那就是著名的尊王攘夷策略。

尊王攘夷

所谓“尊王”，就是尊奉周王周天子。别小看这两个字，在春秋时期，这是一个非常有用的政治口号。虽然此时的周天子已经没有号召力，但是他还是名义上的天下共主，而齐桓公站在周天子的旗号下，讨伐那些不尊重周天子的诸侯就成了顺理成章的事情，一个“尊王”便让齐桓公师出有名了。

那么，齐国要求诸侯国如何来尊奉周天子呢？一是利用盟会的形式，使各诸侯国不要自相残杀；二是当周天子遇到外患时，齐桓公集合诸侯军，拱卫王室；三是要诸侯国遵守朝见周王时相应的礼仪规范；四是借着周天子的旗号讨伐那些不听命的诸侯国。

齐桓公先是与邻国修好，归还给鲁、卫、燕国以前侵占的土地，使他们分别成为齐国南、西、北部的屏障。然后，齐桓公于公元前 681 年在甄召集宋、陈、蔡、邾四国诸侯会盟，这是中国历史上第一次诸侯会盟，齐桓公也是中国历史上第一次诸侯会盟的盟主。

公元前656年，齐桓公出兵讨伐楚国，楚成王起兵迎战。当楚成王问及被伐原因时，管仲理直气壮地回答道："想当初，周王曾对我们的祖先姜太公说过，各个诸侯国如果不遵纪守法，你们都可以去征讨。而你们楚国居然不向周王进贡用于祭祀的滤酒的包茅，这就是公然违反了王礼。还有周昭王南征，至今未回，这事也与你们有关系。我们兴师来到这里，正是为了问罪你们。"

楚王回应说："没有进贡，实有此事，这是寡人的过错。周昭王南征没有回来，这与我们无关。"

在齐国的强势之下，楚国最后答应向天下认错，并承认周天子名义上的天下共主地位，向周天子进贡。

强大的楚国都被征服了，其他诸侯国自然不在话下，而管仲的一席话恰好说明齐桓公"尊王"的抱负。尊王之后便是攘夷，如果说尊王是在诸侯国之间树立威信，攘夷则是在华夏族内部凝聚力加强的表现。

春秋时期，生活在华夏族周边地区的戎狄势力很大，经常骚扰王室，进犯中原。齐桓公除大力维护王室外，对遭到戎狄侵略的其他诸侯，也鼎力救援。例如在公元前663年，山戎攻打燕国，燕国国君庄公向齐求救。齐桓公立即出兵援助，进入燕国境内攻打山戎，一直打到孤竹才收兵。

为了感谢齐桓公，燕庄公一路礼送齐桓公出境，到了齐国境内才停下。齐桓公对燕庄公说："礼制上说我不是天子，诸侯相送不能出境，我不可以对燕无礼。"于是把燕君所到的地方割给了燕国，叮嘱燕庄公学习召公为政，像周成王、周康王时一样给周朝纳贡。

周昭王南征

周昭王是周朝第四位君主，他南征北战、开疆拓土，曾多次向南进攻荆楚和扬越地区。周昭王十九年（前977年），他亲自南征，回师渡汉水时染病去世。管仲说的周昭王南征未归，就是这件事。但当时，楚国才刚刚建国，还十分弱小。周昭王出征攻打的很可能不是楚国，而是楚地的蛮族，所以楚成王回应说和自己无关。

《周颂清庙之什图·维清》

《诗经图》的一部分，由宋高宗和南宋宫廷画家马和之创作。该图描绘了周朝初年，王朝祭祀天地祖先的场景，表现了周朝的礼乐制度的完善。全图共十段，第一段《清庙》是祭祀者准备祭祀的场面；第二段《维天之命》是周天子上香祭祀；第三段《维清》是祭祀后，歌舞礼送众神的仪式；第四段《烈文》是众诸侯缅怀先祖；第五段《天作》表现的是周朝天下，芸芸众生；第六段《昊天有成命》是在野外的祭坛举行祭祀天地的典礼；第七段《我将》是献上丰盛的祭祀品来祈求天地保佑；第八段《时迈》是周武王外出巡视；第九段《执竞》是祭祀周武王、周成王、周康王的场景；第十段《思文》是天子祭祀天帝和祖先，祈求国运昌盛。

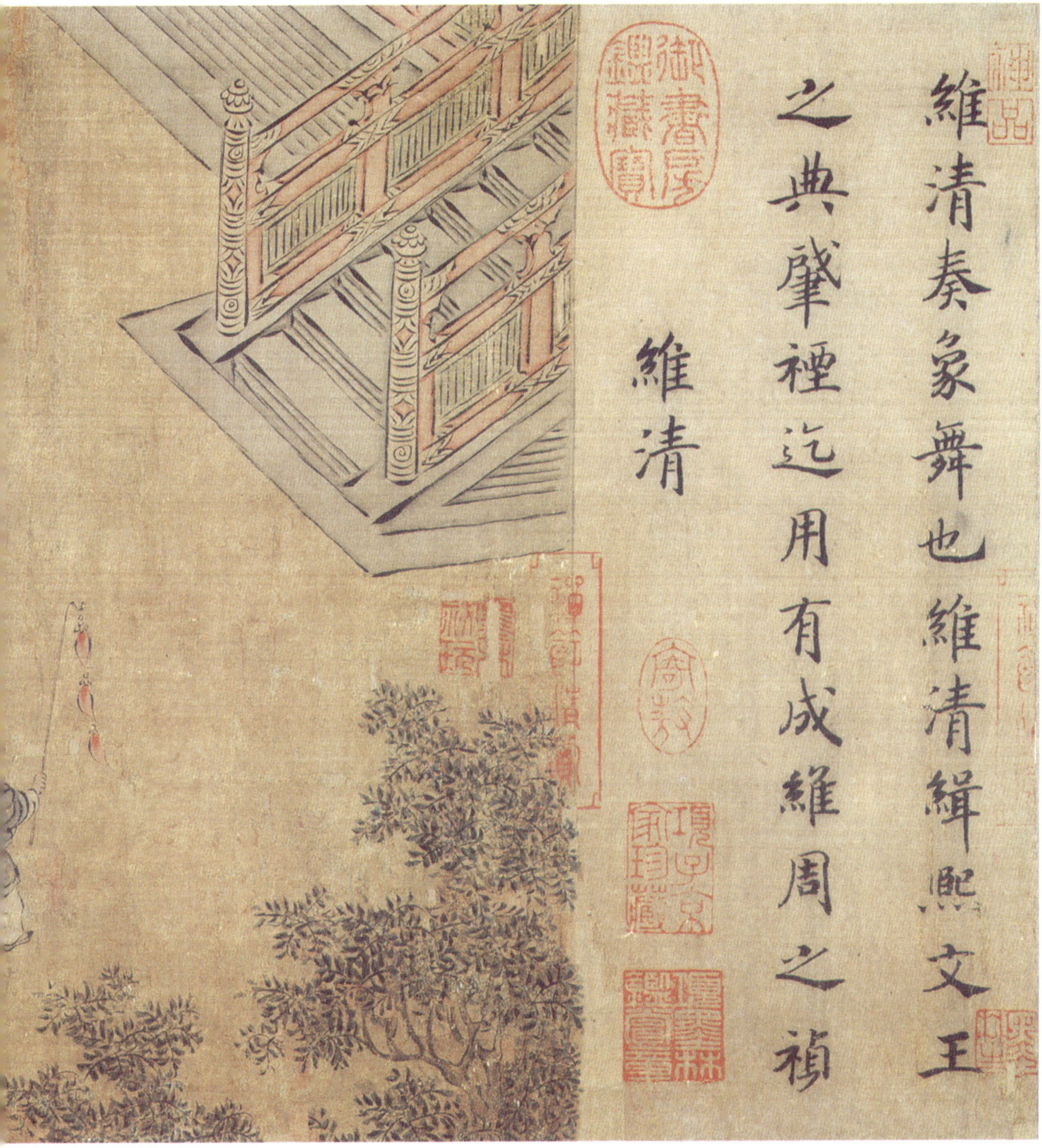
維清奏象舞也維清緝熙文王
之典肇禋迄用有成維周之禎
維清

《周颂清庙之什图·昊天有成命》

昊天有成命郊祀天地也昊天
有成命二后受之成王不敢康
夙夜基命宥密於緝熙單厥心
肆其靖之
昊天有成命

《周颂清庙之什图·我将》

我将祀文王於明堂也我将我
享維羊維牛維天其右之儀式
刑文王之典日靖四方伊嘏文
王既右饗之我其夙夜畏天之
威于時保之
我将

《周颂清庙之什图・思文》

思文后稷配天也思文后稷克
配彼天立我烝民莫匪爾極貽
我来牟帝命率育無此疆爾界
陳常于時夏
思文

诸侯听说此事，纷纷感慨齐国的仁义，更加拥护齐国。

后来，狄人讨伐邢国、消灭卫国，齐桓公闻讯之后都派兵援助，并命以“车百乘，卒千人以夷仪封邢；车五百乘，卒五千人以楚丘封卫”，致使“邢迁如归，卫国忘亡”。这种内诸夏外夷狄的态度，继绝兴亡的仁爱精神以及躬身履行的伟大行为，不仅保卫了中原地区发达的文化，还增强了华夏民族的凝聚力。

在“尊王攘夷”的号召与实践中，齐桓公一次次地以霸主的身份会盟各诸侯国，假借周天子的名义来号令中原，这当中最为重要的是葵丘会盟。

公元前 651 年夏，齐桓公大会诸侯于葵丘，连周天子襄王都派人参加。周襄王派手下大臣送给了齐桓公很多只有周天子才能享用的东西，这等于从政治上确立了齐桓公超然于其他诸侯的地位。这一年的秋天，齐桓公再次和诸侯会于葵丘，周襄王再派手下大臣参加。至此，齐桓公的霸业达到顶峰，成为名副其实的春秋第一霸主。

“万世师表”孔夫子

“春秋”这个词，来源于中国一位非常伟大的教育家孔子所写的一本名为《春秋》的历史书，而我们每个中国人都了解的《论语》也是孔子和他的弟子的言论。与此同时，孔子还被后人尊称为“万世师表”。一个人能够集如此多的成就于一身，孔子是怎么做到的呢？

孔子为学

首先，让我们来了解一下孔子的学问根基是如何打下的。

孔子，姓孔，名丘，字仲尼，生于公元前551年，他的家乡在鲁国陬邑（今山东省曲阜市东南）。

孔丘三岁的时候，他的父亲叔梁纥去世了，母亲颜徵带着他从乡下迁到了鲁国都城，目的是让孩子从小接受到较好的文化氛围的熏陶。也正是在鲁国的都城，年幼的孔子学到了很多很多以前他想都不敢想、见也从未见的东西。

当然，年幼的孔子率先要学会的是如何面对清贫的生活。孔子是怎样面对这些的呢？答案是泰然处之。生活的清苦、地位的低下不但没有消磨掉他的意志，反而让他更加坚强。正如孔子所说的那样，“吾十五而志于学”，此时的孔子知道只有知识才能改变自己的命运，也正是因为如此，此时的

孔子（公元前551—前479年）

春秋时期著名的政治家、思想家、教育家，也是儒家学说的创始人，他的“仁义”“德治”和“君以民为体”等儒学思想对人们影响至深。位列“世界十大文化名人”之首。

孔子才如此热爱学习并善于学习。也正是因为如此，日后的孔子不但能够说出那些诸如“三人行，必有我师焉，择其善者而从之，其不善者而改之”之类的话语，并且还真正地做到了“学无常师”“每事问”“好学不厌”。

如此热衷于学习，到底让孔子学到了些什么呢?

第一是学到了文化知识——这些文化可以总结为礼、乐、射、御、书、数这“六艺”。

礼指的是礼节——也就相当于我们今天所说的德育课程，主要包含了祭祀、丧葬、打仗、宴客、成年结婚等方面的一些礼仪规范；乐指的是音乐，具体来说就是要学会在遇到上述五种情况时演奏不同的乐曲；射指的是射箭技术；御指的是驾驭马车的本领；书指的是识文断字的能力；数指的是计数法。

第二是学到了为人处世的方法。这一点，在有些特殊的情况下要比前面的“六艺”更加重要。

在孔子14岁的时候，他的母亲去世了。在他18岁的时候，孔子结婚了，在结婚的第二年，他的儿子孔鲤出生了。

为养家糊口，孔子选择出山，他先后在鲁国的实际当权者之一的季孙氏门下谋得了三份工作——“乘田”“委吏”和“助丧”。“乘田”是管理牧场的小官，“委吏”是管理仓库的小官，“助丧”是承办丧事的小官。虽然工作非常低贱，但由于刻苦努力，这三份工作孔子都做得非常出色。也正因为出色的工作，不久后孔子被升为管理鲁国营建的司空。

从孔子成长的事例中我们可以看出，贫困与低贱对于有志向的人来说不是耻辱和包袱，反而会成为他们成长的驱动力，变为人生的财富。孔子就是这样的，他在“贱”与“鄙事”中磨炼、历练，练就了才干，熟悉了民情、世事、社会，这为他以后走向成功打下了坚实的基础。

三千门徒

公元前 522 年，已经到了“三十而立”年龄的孔子，在社会上已有了一定的地位和名声，更重要的是，他还有了为数众多的追随者。在这种背景下，孔子就在曲阜建成了我国历史上第一所民间学堂，由此开启了我国私人办学的先河。

在这所学校里，孔子提出了他的办学思想——“有教无类”，他强调所有的人都可以接受教育。至于学校招收学生的条件则非常简单，只要有人愿意跟随他学习便可成为他的学生。那么教学的内容呢？孔子要求学生学五经通六艺。

六艺，就是我们前面说过的礼、乐、射、御、书、数；五经，则是孔子自己编订的五本教科书——《诗》《书》《礼》《易》《春秋》。

在教学方法上，孔子注重因材施教，提出举一反三，主张温故而知新。他灵活的教学风格和一视同仁的教育方针，很快便吸引了天下学子的目光。因而学校办起来后，很快便有很多的学生前来。最早的一批学生有很多成了孔子毕生的追随者，如子路、子贡、颜渊等，当时孔子的名气之大，就连鲁国的大夫孟僖子在临死之前，都费尽心机地谆谆教导自己的两个儿子要去孔

《孔子弟子像》卷

宋人绘。绢本，纵32.3厘米，横870厘米。孔子是儒家学说的创始人。二十三岁时，孔子开始在乡间收徒讲学，学生有颜由（颜回之父）、曾点（曾参之父）、冉耕等。此后，孔子一直从事教育事业，他首倡有教无类及因材施教，成为当时学术下移、私人讲学的先驱和代表，故后人尊他为『万世师表』及『至圣先师』。图中所绘孔子弟子立像。

子的民间学堂里学习。

看得出来，这所民间学堂的诞生，不但打破了中国有史以来的“学在官府”的局面，还为日后的中国培养了为数众多的人才——人称“孔门弟子三千”，更为孔子能够成为日后闻名中外的大教育家奠定了坚实的基础。而更为重要的是，这所学校的诞生还为孔子传播他的思想提供了一个非常大的舞台。私人办学，有教无类，因材施教，举一反三，温故而知新，学五经、通六艺，孔子的所作所为成为后世中国读书人永远的榜样，“万世师表”一词也由此诞生。

不久后，在鲁昭公的支持下，孔子又带领学生们经过长途跋涉来到周天子所居住的王都洛邑，向王室的史官老子学习周礼。得知孔子专程前来学习，老子非常高兴，他特地带徒弟前去迎接。

尽管双方年龄悬殊，不免在见面时有几分拘谨，但由于孔子的真诚求教，老子还是毫无保留地把自己所知道的知识，尤其是关于“礼”“乐”的知识和治学的方法毫无保留地传授给了孔子。更令人感动的是，老子还把自己保存的很多图书典籍如诗、书等都无偿送给了孔子，二人也由此结为知己。后来，每当孔子向学生讲到这次会见时，都会流露出对老子的深深敬佩之情。

孔子曾说：“我之所以有长进，就是因为曾经见到过了不起的老子，并得到他博学的教诲。因此，我的学问是和老子分不开的。”

此后的孔子，不断把自己的学识和心胸拓宽，不断向身边的人学习以提升自己，正如他自己所言，“三人行，必有我师焉”。

孔子为官

就在孔子在做学问的道路上狂奔时，鲁国的政治环境却发生了变化，一场内乱让鲁昭公被迫逃亡到齐国，而循礼的孔子也随鲁昭公一道来到了齐国。

因为孔子已经名扬天下，所以齐国的国君齐景公见到孔子之后，马上向他询问为政的方法。孔子张口便说出了那两句流传千古的名言——“君君，臣臣，父父，子子”。这意思就是做君主的要有君主的样子，做臣子的要有臣子的样子，做父亲的要像父亲的样子，做儿子的要像儿子的样子。

孔子的话虽然让齐景公深有感触，但这个时候齐国的国君其实和鲁国的国君一样，也即将成为手下大臣的傀儡。对于这个循礼的孔子，那些准备随时取代姜氏齐国政权的人肯定要想方设法排挤掉，于是没过多久，孔子就又被迫回到了鲁国。

好在此时鲁国的局势已经稳定，实际掌权人是季孙氏家族的季桓子，季桓子十分爱惜人才，他任命孔子为中都宰（相当于直辖市的市长）。再后来，又先后任命孔子做主管工业的司空和主管司法的大司寇。此外，孔子曾短暂代理过三个月的宰相，而鲁国也在孔子的管理下得到了很好的发展。

但好景不长，正当鲁国蒸蒸日上之时，齐国却从中看出了危险。出于麻痹鲁国国君的意图，齐国国君挑选了 80 名漂亮的少女和 120 匹马送给了鲁国君臣。此后，季桓子便和鲁国国君一起，整天与宝马美女为伍，国家的政事也就慢慢荒废掉了。

孔子看到自己的理想不能实现，只得带领弟子们再度离开鲁国，随后他不断在天下周游，四处传播自己的思想，这种状态一直持续了十四年之久。在这十四年的颠沛流离中，孔子的思想也得到了升华。

周游列国

十四年的时间，孔子去了那么多的国家，却从没有在一个国家扎下根，孔子到底在做什么呢？又为什么不干脆在一个国家生活呢？这是因为孔子的理想没有得到实现。

在当时，小有名气的孔子师徒一行人马经常会遇到这样的情况：刚一到

《孔子圣迹图》

这是一本反映孔子生平事迹的连环图画，也是我国历史上最早的一部有完整故事情节的连环画。

1. 尼山致祷　2. 麟吐玉书　3. 二龙五老　4. 钧天降圣

1 | 2
3 | 4

5. 俎豆礼容　6. 职司委吏　7. 命名荣贶　8. 职司乘田
9. 学琴师襄　10. 问礼老聃　11. 在齐闻韶　12. 晏婴阻封
13. 退修诗书　14. 夹谷会齐　15. 归田谢过　16. 诛少正卯
17. 女乐文马　18. 因膰去鲁　19. 匡人解围　20. 适卫击磬

5	6	7	8
9	10	11	12
13	14	15	16
17	18	19	20

21. 丑次同车（一） 22. 丑次同车（二） 23. 灵公问陈 24. 临河而返
25. 宋人伐木 26. 楛矢贯隼 27. 子路问津 28. 在陈绝粮
29. 子西沮封 30. 作歌丘陵 31. 删述六经 32. 跪受赤虹
33. 西狩获麟 34. 梦奠两楹 35. 治任别归 36. 汉高祀鲁

21	22	23	24
25	26	27	28
29	30	31	32
33	34	35	36

达某个国家，就会立即受到该国国君的热烈欢迎。在欢迎宴会之后，国君会要求名满天下的孔子为自己出谋划策，如何把国家变强，如何在诸侯之间称霸。

但是，孔子的理念却并非如此，孔子总是劝说这个国家的国君要“仁”和“礼”，要行仁政才能使国家兴旺发达。

可以说，孔子的儒家理念与诸侯的称霸理念是根本不合的，鲁国现在发生的，齐国即将发生的，这些“君不君臣不臣父不父子不子”的事，在所有诸侯国里都是一样的。想篡夺君权的大臣都会非常讨厌孔子的“君君臣臣父父子子”的言论，想致力于称霸的诸侯都讨厌孔子的仁政。于是等待孔子师徒一行人的前途是怎样，也就不难猜到了。

就这样，颠沛流离十几年，孔子也没有能够找到一个帮自己实现理想抱负的国君。直到晚年的时候，孔子终于被鲁国的实际掌权者季康子派人迎接回国，因为名满天下，鲁人尊称孔子为“国老”，但他的儒家思想依然没有被鲁国的当权者采纳。而此时的孔子已经无心政坛了，他埋头致力整理文献和继续从事教育，直到公元前 479 年，72 周岁的孔子去世了。

孔子虽然去世了，但他光辉的一生，和仁爱、爱人的儒家思想却永远铭刻在了中华民族的历史中。

千古一帝秦始皇

有这样一个人，他 12 岁便即位为秦国国君，之后又用了 26 年时间，灭掉了与秦国并存的六个国家，完成了统一中国的宏愿；他实行三公九卿制，废分封、行郡县，推行书同文、车同轨，统一度量衡；他自诩功盖“三皇五帝”，于是自称“皇帝”，成为中国历史上的“千古一帝”；他拉开了封建王朝的序幕，让中国历史进入一个新的发展阶段。他的名字，叫作嬴政。

嬴政出生于公元前 259 年的赵国邯郸，公元前 247 年，其父秦庄襄王病故，12 岁的嬴政即位为秦国国君。虽说“自古英雄出少年”，但 12 岁的少年仅凭 26 年就统一了中国，这还是令人匪夷所思。嬴政究竟是如何做到的呢？我们从三个方面解读一下。

知人能善任

战国七雄秦、齐、楚、燕、赵、魏、韩这七个国家中，秦国的实力最为强大，韩国的实力最为弱小。当时，秦国有“虎狼之国”的称号，而弱小的韩国随时都有可能被秦国吞并。为了破除这一祸患，韩国国君想到了一个应对之策——“疲秦”。

所谓“疲秦”，就是派一位叫郑国的水工为间谍，向秦国国君游说“在渭水的两条支流泾水和洛水之间，开凿一条大型的灌溉渠道，以便发展秦国

秦始皇像（公元前259—前210年）

秦始皇，秦庄襄王之子，后世俗称嬴政或秦王政。他结束各国割据混战，统一六国，建立了我国历史上首个多民族的中央集权国家，是首个使用『皇帝』称号的君主，自称『始皇帝』。

的农业与水利”。韩国国君的真正目的，是让郑国以水利工程消耗秦国的财力与人力，从而让秦国无暇他顾，以此保全韩国。

谁知，郑国的一番话，正好说到了嬴政的心坎上。原来，嬴政早就想发展秦国水利，于是，他立刻接纳了郑国的建议，还派郑国负责主持兴建这一工程。然而，当工程进行到一半时，郑国的间谍身份败露，年轻气盛的嬴政大怒，他决定放弃这项工程，并欲将郑国斩首示众，以儆效尤。

郑国诚恳地劝说嬴政，他承认修建水渠确实是韩国的“疲秦”之计，但是如果水渠真的能够顺利竣工的话，其必将造福子孙。他恳求嬴政饶他不死，让他完成这项未竟之业，将功赎罪。没想到，嬴政略一思索后竟然同意了。

郑国虽免于一死，但秦王嬴政却生出了心病——他开始担心这些来自六国的人才都是间谍。恰好此时，那些与外来的人才素有矛盾的宗室大臣煽风点火，嬴政便颁布了著名的《逐客令》，想将外来人才一股脑驱逐出去。没想到，这一封《逐客令》却让嬴政发现了一位大才——李斯。

焚书坑儒

选自《帝鉴图说》的下篇《狂愚覆辙》。《〈尚书〉序》记载："及秦始皇灭先代典籍，焚书坑儒，天下学士逃难解散。"博士淳于越反对"郡县制"，要求根据古制，实行"分封制"。而丞相李斯加以反驳，认为儒生不师今而学古，道古以害今。遂发生焚书和坑儒事件，焚毁了大量古籍，对社会发展也造成了很大的影响。

李斯原是楚国人，他出身布衣，做过楚国的小吏。李斯一直有出仕之心，于是拜当时的儒学大家荀子为师。学成后，李斯便进入强秦，打算一展宏图。谁知，秦王的一封《逐客令》让他黄粱梦碎。在被驱逐的路上，李斯给嬴政上了一道《谏逐客书》，言辞恳切地阐述了秦国重用外来人才的传统和成效，并揭示了秦国由西方小国逐渐崛起为七雄之首，背后的深层原因恰恰是重用外来人才。

嬴政看完《谏逐客书》后恍然大悟，他立刻采纳了李斯的建议，罢《逐客令》，又将李斯升为廷尉，主管全国司法。可见，嬴政完成统一中国的大业，是与重用郑国、李斯这样的人才密不可分的。

富国强兵

所谓“富国强兵”，自然要从“富国”和“强兵”两方面说起。

第一，“富国”。

全长 300 余里的“郑国渠”极大地增强了秦国的国力，这让本来强大的秦国如虎添翼，更加速了秦国消灭六国梦想的实现。

“郑国渠”工程雄伟，规模宏大，称得上是两千多年前之壮举。用富有肥力的泾河泥水灌溉田地四万顷，淤田压碱，变沼泽盐碱之地为肥美良田，使关中一跃成为全国最富庶的地区。

从前，秦国土地贫瘠，粮食产量贫弱，但“郑国渠”修建完成后，秦国的粮食产量激增，境内也再无饥荒之苦，“富国”目标由此完成。

可以说，“郑国渠”的建成为嬴政最终统一中国做好了物质上的准备。嬴政亲眼见证水渠的功效后大喜过望，再也没有追究郑国的罪行，而秦人也将水渠称呼为“郑国渠”。

第二，强兵。

要想靠武力实现中国统一，没有素质优良的军队是不行的。那么，怎样才能训练出一支精良的军队呢？嬴政认为，要想提高士兵将士的战斗力，就必须严格推行商鞅变法时期就实行了的“二十等军功爵制”。

所谓“二十等军功爵制”，就是将军功分为二十级，士兵能够斩获敌国兵士一颗首级，就赏赐他爵位一级、田地一顷、住宅九亩、“庶子”一人，以及做军官和衙役的资格；斩杀的首级越多获得的爵位就越高，证据是敌人的首级，也就是说在战后把敌人的人头砍下来带回军营，作为证据；对将官有战功者的赏赐，打一次大胜仗，大官可以赐爵位三级；高级军爵，要“赐虏”“赐邑”“赐税”。

“二十等军功爵制”培养了军士的尚武精神，从而为造就当时第一流的军队奠定了精神基础。它也在鼓舞秦军士气、提高军队战斗力等方面发挥了巨大作用，最终使秦国建立了一支所向无敌、横行天下的虎狼之师。

远交近攻灭六国

从公元前 230 年开始，到公元前 221 年为止，秦国共计用了 10 年时间，先后灭掉了韩、赵、魏、楚、燕、齐六个国家。而嬴政灭掉六国的顺序，则是遵循了“远交近攻、先弱后强”的原则。

六国相对于秦国的距离可以分为三组。

燕国和齐国为一组，距离秦国最远，而且彼此没有交界地区。魏国和楚国为一组，距离秦国稍微近一些。韩国和赵国为一组，距离秦国最近，尤其是韩国，就在秦国旁边。

远交近攻，指的是“离得远的，我要客客气气地交往，离得近的，我便要拿出虎狼之国的气势使其灭国”。远交，可以让秦国避免被合纵群殴；近攻，可以节省秦国的战争和攻占他国领土的成本，让秦国步步为营，逐步壮大。

最初，秦国远交近攻的策略是笼络燕齐，稳住魏楚，消灭韩赵。当秦国忙着攻灭韩、赵、魏、楚、燕等国时，齐国作为一个大国，却始终没有任何动作，既不参与对抗秦国，又不援助其他国家，而是选择袖手旁观，眼睁睁地看着其他五国先后被灭。

当时的东方六国，赵国、楚国和齐国是强国，韩国、魏国和燕国则是弱国，尤其是韩国，国力堪称最弱。先吞并弱国，可以让秦国获得更多的物质资源和控制更好的地理条件，以支撑更强的国力，再与强国进行战略决战甚至是长久的消耗战。

所以，离秦国最近的第一组——韩国和赵国，秦国首先选择攻灭韩国，然后再与赵国进行恶战。然后，秦国本着“先弱后强”的原则，先进攻魏国，后进攻楚国；先进攻燕国，最后进攻齐国。

远交近攻，先弱后强，秦国做出了唯一的顺序选择，这就是历史的结果。但是历史选择了秦国，不是因为秦国推动了历史的发展，而是因为秦国顺应了历史的发展。

那么，六国灭亡，秦国统一后，嬴政又是如何巩固自己的千秋大业的呢？

首先，自称皇帝，开创帝制。

嬴政兼采三“皇”、五“帝”名号，将新王朝的君主定名为皇帝。嬴政自称“始皇帝”，史称秦始皇。皇帝对国家事务拥有至高无上的决定权。

皇帝之下由三公九卿组成中央政府，负责管理全国的政务。三公指丞相、太尉、御史大夫，为主要辅佐大臣；九卿泛指分掌具体事务的诸卿。在地方上，秦始皇彻底废除分封制，将战国时已经产生的郡县官僚制在全国推广。

其次，开拓边疆，移民实边。

在中原各国相互征战，无暇北顾的时候，匈奴乘机南侵，攻掠秦、赵、燕三国的北方边地；秦始皇兼并六国后，派出数十万大军北伐，击败了匈奴，稳定了北方边疆；并连接、增修秦、赵、燕三国旧长城，建成西起临洮、东至辽东的万里长城；又在河套地区设九原郡，迁中原三万户屯垦实边。南攻岭南的百越，把两广并入中国的版图之中；南攻百越时，为转运粮饷，开凿了沟通湘水和漓水的灵渠，使长江与珠江两大水系连接起来；南平百越后，在其地设南海等三郡，并迁 50 万内地居民到岭南定居。

秦始皇陵兵马俑

秦始皇，结束各国割据混战，统一六国，建立了我国历史上首个多民族的中央集权国家。兵马俑是其陪葬品的一部分，由各类身份的陶俑、陶马及战车组成。其陶俑神态各异，动作各不尽相同，整体排列规整，规模浩大，是秦王朝强大军队的缩影，被誉为“世界第八大奇迹”。

最后，统一文字、货币、度量衡。

战国时因诸侯割据，各国文字、货币、度量衡等方面的差异都很大。完成统一的当年，秦始皇就下令“书同文”，以整理后较规范的“小篆”为标准，并写成文字范本推行到全国，后来又出现了简化字体“隶书”，隶书的出现，是我国文字由古体转化为今体的里程碑。

秦始皇又以商鞅变法时秦国的度量衡为标准，全国划一，颁布诏书，铭刻在官府制作的度量衡器上作为全国标准使用器具。秦统一后，又废除六国旧货币，以圆形方孔钱“秦半两”为统一货币。

能够聚拢人才为己所用，从善如流善于用人；采取多种措施富国强兵；远交近攻，先弱后强，完成统一；又采取各种措施，巩固统一。这，便是千古一帝秦始皇的成功之道。

小篆

小篆是由大篆简化而来的汉字，也是我国历史上首次运用行政手段，大规模规范与推行的文字。小篆自秦朝始，一直流行到西汉末年，才逐渐被隶书所取代。

小篆

峄山刻石，李斯题，民国拓本。

豁达大度的刘邦

一番励精图治后，秦始皇创下了千秋大业。可“成功易，守功难”，创业成功后，秦始皇便开始纵情享乐。他先是动用了一百多万民夫，为其修建奢华无比的阿房宫与骊山陵，又定下了一系列极为残酷的刑罚，来防止人民起义造反。

秦始皇病死后，秦二世胡亥更加昏庸残暴。公元前 207 年，农民起义军领袖刘邦率军攻入咸阳，灭掉了秦朝。随后，另一位起义军领袖项羽在巨鹿破了秦军主力，也攻入咸阳。至此，自封汉王的刘邦与自封西楚霸王的项羽便开始了长达四年的楚汉之争。

然而，最终的结果出人意料，实力大大弱于项羽的刘邦获得了最终胜利。项羽被逼自杀身亡，由刘邦建立起的汉王朝拉开了历史序幕。可是，为什么最终获得天下的人是刘邦而不是项羽呢？我们来分析一下。

从事秦到反秦

刘邦的祖上是魏国人。刘邦出生于公元前 256 年，只比秦始皇小三岁。刘邦的青少年时代，恰好是秦灭六国的前夕。当时，江湖上的著名人物当属战国“四公子”——魏国的信陵君、楚国的春申君、赵国的平原君和齐国的孟尝君。

《赵伯驹款阿房宫图》卷（局部一）

阿房宫被誉为“天下第一宫”，是秦始皇修建的宫殿建筑群，纵观全貌，不难发现它的选址以及建筑布局都具有很强的轴线意识。阿房宫的修建工程浩大，直到秦始皇去世时，都未建成。秦始皇时期的四大工程：秦长城、阿房宫、秦直道、秦始皇陵，这些建筑的修建都十分消耗物力、财力和人力。

《赵伯驹款阿房宫图》卷（局部二）

萧何（公元前 257—前 193 年）

西汉初期宰相，开国元老，史称“萧相国”。秦末时辅佐刘邦起义，后来在刘邦、项羽的楚汉大战中，对刘邦最终战胜项羽起了重要作用。

那时的刘邦，自然是不赞同这大好的天下都被秦王嬴政一人兼并。所以，他很想积极投身于东方六国的反秦大业中去。于是，不到二十岁的刘邦背井离乡，千里迢迢，来到高阳附近投奔信陵君魏无忌。不承想，此时的信陵君魏无忌因为秦王的离间之计而遭到魏王嫉妒，已然抑郁而终了。魏无忌门下的三千宾客也已各奔他乡，不过好在信陵君的门客张耳恰好在高阳附近招纳门客，于是刘邦投入张耳门下，两人结成知己。

秦国灭六国之后，张耳成为秦廷的通缉犯，被迫流亡异乡。一直追随张耳的刘邦也回到家乡沛县，做了沛县泗水的亭长[1]。不过，刘邦虽然做了秦朝的泗水亭长，但他心里还一直惦记着反秦大业，并静静等待出人头地的机会。

当时，秦朝正大兴土木，不断征发各地百姓，只为修建骊山陵和阿房宫。刘邦为沛县押送百姓，准备到骊山充当苦力。然而，半道上被押送的百姓不断逃亡，刘邦不忍百姓受苦，便对百姓逃亡的事情睁一只眼闭一只眼。

他心想，等到了骊山，百姓也跑光了，估计我也活不了了。于是，等走到丰县西边的泽中亭时，刘邦停下饮酒。夜里，他便解开了被押送的百姓，并对他们说：“你们跑吧，我也将隐姓埋名消失于芒砀山中。”其中，有十几人愿意跟从刘邦一块逃亡。就这样，刘邦为了解救众人，把自己从一个政府官员变成逃亡犯，这样的魄力不是人人都有的。

〔1〕亭长：古代管十里以内的小官。

不久，秦末农民起义爆发，陈胜建立了“张楚”政权，和秦朝公开对立。这时，沛县县令也想响应起义，萧何和曹参当时为沛县吏，他们劝县令将本县流亡在外的人召集回来，一来可以增加力量，二来也可以杜绝后患。

县令觉得有理，便让樊哙去邀请当时已拥数百之众的刘邦。可是，沛县县令突然又后悔了，他害怕刘邦回来不好控制，弄不好还会被他所杀，等于是引狼入室。于是，他命令关闭城门，并准备捉拿萧何和曹参。二人闻讯赶忙逃到了城外，刘邦闻此，将一封信射入城中，鼓动城中百姓起来杀掉出尔反尔的县令，大家一起保卫家乡。

百姓对平时就不太体恤他们的县令很不满，杀了县令后开城门迎进刘邦，萧何、曹参等人称刘邦为沛公，推举他领导大家起义。刘邦便顺从民意，设祭坛，立赤旗，自称赤帝子，很快义军扩充到三千人。

在这之后，便有了“高阳酒徒”的故事。

“张楚”政权

“张楚”即“扩张楚国”。陈胜起义以“楚”为旗号，主要出于以下三种考虑：第一，在六国统一战时，楚国在军事上对秦国的抵抗最为强硬，且楚国在最后的卫国战中十分顽强和惨烈。第二，楚人拥有着极为狂热的爱国热情。当时，民间还流传着“楚虽三户，亡秦必楚”的传言。第三，虽然陈胜的籍贯无从考证，但他将起义地点选在了原楚国境内。

得高阳酒徒

公元前 207 年，刘邦率所部攻打秦军。战不利，退到了高阳[1]。战国时期，高阳是魏国的地盘，也是信陵君魏无忌经常活动的地区。在战国“四公子”中，最让刘邦敬仰的便是信陵君魏无忌了。魏无忌礼贤下

〔1〕高阳：今河南省开封市附近。

刘邦（公元前256—前195年）
选自《历代帝王圣贤名臣大儒遗像》。汉朝的开国皇帝。秦末起义，被项羽封为汉王，分封巴蜀一带。后在楚汉大战中战胜项羽，统一了天下。定都长安，史称西汉。

士、急人之困，曾在军事上两度击败秦军，分别解救了赵国和魏国危局。“窃符救赵”的主角，便是信陵君魏无忌了。

这天，刘邦正坐在床边洗脚。忽然，有下人来报，称有个乡民求见。刘邦问道：“是个什么样的乡民？”下人回答：“看他的举止打扮，像个儒生。”刘邦最不喜欢儒家的教义，还曾经往儒生的帽子里撒尿取乐，所以一听来者是个儒生，便对下人说道：“我正忙着天下大事，没有时间见儒生。”

下人将刘邦的话如实传给了门外求见的人。没想到这个人非常生气，他手持宝剑，怒目圆瞪道：“快点！再去告诉沛公一声，我是高阳酒徒，不是什么儒生。”刘邦一听来者自称“高阳酒徒”，慌得连脚都来不及擦，赶紧请那人进来说话。

下人看到这一幕很纳闷，刘邦连项羽都不怕，平日又最烦儒生，可今日对方一句“高阳酒徒”就吓得刘邦赤足跑到大门外迎接，这是何故？原来，这“高阳酒徒”四字中，真正吓到刘邦的是“高阳”二字。

来人自称“高阳酒徒”，想必认为刘邦推崇信陵君魏忌，能够礼贤下士。

此人前来，定是要投靠他，并帮助他实现反秦大业的人。于是，刘邦急得连鞋都忘了穿，便慌慌忙忙跑了出来。

这位“高阳酒徒”名叫郦食其，高阳人。秦末动荡，郦食其隐匿不出，静观时局发展。刘邦兵临高阳，郦食其主动追随刘邦。

后来在郦食其的协助之下，刘邦顺利攻入咸阳，灭亡秦朝。

成帝王之业

通过“高阳酒徒”的故事，我们能看出刘邦有不少过人的优点。

首先，刘邦有理想、有信念。在任何情况下，刘邦都没有放弃反秦的努力。就算张耳失败了，他也能以泗水亭长为掩护，继续等待反秦的时机。

其次，刘邦能够聚集天下英才，为其所用。无论是比自己官大的萧何、曹参，还是与自己有亲缘关系的樊哙，甚至是诸如郦食其、张良、韩信这样与刘邦素昧平生的人，都愿意为刘邦鞍前马后，助他成就功名大业。

最后，刘邦亲民爱民，能得到老百姓的衷心拥护。无论是芒砀山释放逃犯，还是在沛县举起义旗，我们都能看出刘邦代表的是广大基层人民，是普通百姓的领袖。

与项羽相比，刘邦没有那么多的辉煌过往，但他有几十年如一日地在老百姓中间坚持不懈的反秦努力；与项羽相比，刘邦没有那么多的刚愎自用，但他有让身边所有的人都能够随时为他牺牲自己的气场。

楚汉之争的前期，刘邦屡战屡败。曾经有一次，刘邦被项羽围困在了河南荥阳。刘邦的属下纪信见情况十分危急，便对汉王说：“现在情况紧急，我有办法可保汉王您逃走。”在得到刘邦同意后，由陈平写了降书，派人送交项羽，说汉王今夜便出东门投降。到了半夜，刘邦率部扮成百姓模样，成功从西门出逃。而纪信却装成汉王模样假装出降。项羽见车上坐着的人不是刘邦，非常生气，便下令将纪信烧死。纪信替刘邦而死，刘邦则打赢了项羽，创立了大汉四百年的基业。

而且，刘邦还有一股痞气。他是亭长出身，不看重文人儒生信奉的礼节，所以，想用君子之道来制约刘邦是不可能的。

就拿公元前205年，刘邦与项羽大战于彭城[1]来说。当时，项羽率众将刘邦围了里三层外三层。正待聚歼之际，忽然西北大风猛袭而来，飞沙走石，树木连根拔起，一时间天昏地暗，吹打得项羽军阵营混乱。刘邦趁此机会，仅带十余名骑兵突围而逃。可是，他的父亲和妻子均被项羽擒获，原来投向刘邦的盟军也纷纷选择了背叛刘邦。

项羽（公元前232—前202年）

名籍，字羽，昔日楚国名将项燕之孙，号称西楚霸王，是中国历史上最勇猛的武将之一，古人评价："羽之神勇，千古无二。"在秦朝的暴政之下，应世起义，最后在与刘邦争霸失败后，自刎于乌江。

两年以后，双方继续对峙，项羽威胁刘邦，若不投降就煮了他的父亲。未料，刘邦回答道："吾翁即若翁，必欲烹而翁，幸分我一杯羹！"意思是"咱俩是兄弟，我父亲就是你父亲，你如果非要将自己的父亲烹煮了，那也请分我一碗尝尝"，由此可看出刘邦的痞气。

豁达大度，从善如流，不受世俗制约的刘邦能够打败项羽，是因为刘邦和贵族出身的项羽不同，他更熟悉社会生活，更了解人民的疾苦。刘邦得天下，一因决策正确，二因用人得当。可见，若想成就帝王之业，人情世故与不拘小节都很重要。

〔1〕彭城：今江苏省徐州市。

雄才大略汉武帝

提到汉朝，大部分人想到的都不是汉高祖刘邦，而是汉武帝刘彻。在中国历史上，刘彻也成为唯一与秦始皇并称的皇帝——可见其杰出的程度。

汉武帝奠定了汉王朝的强盛局面，让其成为中国古代第一个发展高峰，而汉武帝的功绩，对西汉王朝的发展和中国历史的进程都有着非常深远的影响。

公元前 141 年，汉高祖刘邦的孙子汉景帝去世。汉景帝十五岁的儿子刘彻即位，是为汉武帝。汉武帝登基时，汉朝建立已经有六十多年了。天下安定，朝廷的一些大臣希望当今的皇帝能够有所作为。但此时的汉武帝面前，依然摆着三座大山——第一，治国理念的冲突；第二，皇权与相权的矛盾；第三，北部边疆的威胁。

以儒治天下

从刘邦到汉武帝父亲的六十多年里，朝廷的治国理念一直是道家的无为而治，汉武帝要想有所作为，必然会遭到真正掌握汉朝实权的，以窦太后为首的众多大臣的极力抵制。窦太后迷恋道家的无为而治，汉武帝没有任何办法，就只能等窦太后百年之后再说。当然，汉武帝不是没有想过跟窦太后硬碰硬，但他知道硬碰硬的后果只能是自己完败。

因为，在以忠孝立国的大汉王朝，汉武帝任何违背窦太后的企图，都会

汉武帝（公元前 156—前 87 年）

选自《帝王道统万年图》。汉武帝刘彻，十五岁登基，在位五十四年，在位期间是西汉王朝最鼎盛的时期。汉武帝开创察举制选拔人才；颁行“推恩令”；将盐铁和铸币权收归中央管理；文化上“罢黜百家，独尊儒术”；开创了丝绸之路，与西域进行往来贸易；创立皇帝年号；兴办太学。他还开拓了疆土，击退匈奴，征服大宛等，使中华疆域的版图进一步扩大。

蒲轮征贤

选自《帝鉴图说》的上篇《圣哲芳规》，讲的是汉武帝尊重、爱护贤人的故事。汉武帝好儒学，举用名儒为官，听闻申公学识渊博，立即遣使去征聘他。因申公年老，不忍心他受舟车劳顿之苦，便用蒲草裹了车轮，使得马车更加平稳。申公感恩，遂入朝。

董仲舒（公元前 179—前 104 年）

西汉时期著名的思想家、教育家。汉景帝时任博士，讲授《公羊春秋》。他系统地提出了“天人感应”“大一统”“三纲五常”等学说。提出了“罢黜百家，独尊儒术”的思想，使儒学成为中国古代的正统思想。

因为不孝的罪名而被强硬地赶下台来。而且，汉朝无为而治的理念已经深入人心，刘彻一时半会儿也很难转变人们的想法。

但是，无为而治政策的推行，也有一些消极影响：一是日渐强大起来的地方势力图谋造反，二是北方匈奴的威胁日益严重。换句话说，道家的无为而治已经走进了死胡同，很难适应汉王朝的发展需求。

汉武帝即位时，从政治上和经济上进一步强化中央权力、强化皇帝权力已成为最高统治者的迫切需要。而躲过了秦朝焚书浩劫、藏存于民间的儒家，主张国家应该统一，臣民应该效忠君主的观念显然与汉武帝时期所面临的形势和任务相适应。但是，儒家思想的复兴和传播，并不是一帆风顺的。其间，走过的是一条漫长而曲折的道路。

汉景帝在位时期，朝廷大事就多由他那双目失明的母亲，也就是汉文帝的皇后窦太后做主。窦太后一直主张以道家理念立国，汉景帝和窦氏族人，都不敢不尊崇道家无为而治的理念。

有一天，主张道家理念的黄生，与主张儒家理念的辕固生，在汉景帝面前争论商汤和周武王是否应该推翻前朝统治的问题。黄生认为夏桀、商纣虽然失德，但总是君王，商汤和周武王推翻前朝统治是犯上作乱。辕固生说夏桀、商纣荒乱，商汤和周武王推翻前朝统治是正义的。辕固生惹得窦太后勃然大怒，说出了“如此尖牙利舌，何不下栏斗猪”的话，要将辕固生捉来，与关在栏圈里的野猪决斗去。虽然辕固生侥幸把野猪刺死，但随后不久也丢了官职。

由此可以看出，连汉景帝都不敢与窦太后斗法，汉武帝又怎敢与其硬碰硬呢？不敢硬碰硬，只能等——等窦太后去世再说。

公元前 135 年，汉武帝即位六年之后，窦太后终于去世，汉武帝马上罢免了窦太后所喜欢的几个一直主张以道家无为理念治国的高级官员的职位，代之以支持儒家学说的自己的亲信。

公元前 134 年，汉武帝让各地推荐人才，董仲舒被推举面见汉武帝。在回答汉武帝的问题时，董仲舒详细论述了“老天爷”与“天子”的关系，认为如果天子做了不仁不义的事，“老天爷”就会出现灾异进行谴责和警告；如果天子做了好事，“老天爷”就会降下祥瑞以鼓励。董仲舒还提出了“朝廷应该大力办学，学校只教授孔子主张的儒家思想，读书人如果不读孔子的书籍，就不让他们当官”的建议，也被汉武帝所采纳。此后，儒学成为中国社会正统思想，影响长达两千多年。

皇权与相权

秦灭六国之后，疆域广阔，政事繁多，皇帝一人难以应付，秦始皇便确立了以宰相为首的的朝官集团制度，相权日渐增强。

西汉初年，丞相大多是随刘邦打天下的功臣，故而相权迅速膨胀，丞相几乎无所不管，与皇权基本处于平等状态，宰相甚至可以干涉皇帝的决定。汉武帝要想有所作为，必然要摆脱丞相的羁绊。

对于皇权与相权的矛盾，汉武帝也同样没有硬碰硬，而是采取了架空相权的办法。

因为汉武帝年龄尚小，而丞相们都已年老。等这些有话语权的开国功臣

女巫出入

选自《帝鉴图说》的下篇《狂愚覆辙》。这个画面讲的就是汉武帝时期，民间女巫出入皇宫，教宫人刻制仙道的形象来祈祷祈福。奸臣江充利用这一点，诬陷太子使用巫蛊之术来诅咒汉武帝并且谋反。

们老的老、死的死后，汉武帝便让一个平民出身的年老体弱、经常因病需要请假、不能上朝的儒生来做丞相。这样，权力就集中掌握在汉武帝自己的手里了。

与此同时，汉武帝还着手提拔一些出身低微，但具有一定才干的文人和近臣——比如卫青，他本是一个出身低微的奴隶，只是因为沾了姐姐卫子夫成为汉武帝的皇后的光，汉武帝就给了他出入宫禁的自由，并放手让他参与处理朝政。

当然，卫青也很好地贯彻皇帝的旨意，不致受到丞相的牵制，变相削弱了丞相的权力，最终增加了皇帝的权力。

卫子夫

卫子夫是中国历史上第一位拥有独立谥号的皇后。建元二年（前 139 年），卫子夫入宫，在怀孕后被封为夫人；元朔元年（前 128 年），卫子夫生下汉武帝刘彻的长子刘据，因而被立为皇后。后来，卫子夫母子遭遇巫蛊之祸，被人陷害，因不能自明遂自杀。后汉宣帝刘询以皇后之礼重新厚葬卫子夫，并追谥号曰“思”。

匈奴的威胁

匈奴是草原的边疆部族，十分擅长征战。战国时期的秦、赵、燕三国只能通过修长城的方式加以防控，即使是秦始皇统一中国之后，也只能是在击败匈奴之后把秦、赵、燕三国的长城连接起来并往东往西继续延伸。从汉高祖刘邦到汉景帝刘启，任谁也都没有办法对付匈奴，只能采取把皇室的女儿出嫁给匈奴单于的办法来缓和一下局势。

汉武帝通过观察，敏锐地察觉到了大汉王朝对抗匈奴战争的失败原因，是像李广这样的元老一级的将军们错误的战略战术，转而大胆启用卫青、霍去病这样的新生力量，跟着少数民族学习新战略新战术。

匈奴人无论在平时或战时，都离不开骑射，所以

仇英實父製

《明妃出塞图》

选自明代仇英的《人物故事图册》。王昭君亦称明妃。本图描述的是西汉元帝时，王昭君去匈奴和亲的场面。王昭君和亲，对边疆安宁起到了积极作用。

匈奴人的骑射技术和攻击力都很强。站在农业民族的防御观点上看，如何才能战胜这种游牧民族呢？也唯有以骑射对骑射而已。这里，我们就要提到历史上著名的冠军侯霍去病了。

公元前 123 年，汉武帝任命卫青和卫子夫的外甥——17 岁的霍去病跟随大将军卫青一道攻打匈奴，其能力在实战中得到快速提升。霍去病于次年第一次带兵出征匈奴，即亲率八百轻骑深入漠南腹地，凭着“闪电”战术，看准最大的一个军营立即冲杀过去，迅速斩杀匈奴兵两千多人，还俘虏了单于的叔父和匈奴的相国，全胜返回，取得首战大捷，这就是历史上有名的“漠南之战”。汉武帝得知喜讯，非常高兴，破例封勇冠三军的霍去病为冠军侯，食邑一千六百户。年轻的霍去病初战封侯的经典战例，也成为古代军事史上少有的传奇。

公元前 121 年，汉武帝又发动攻打匈奴的第一次河西之战，直接任命霍去病为主帅，指挥这场举足轻重的关键战役。这年春天，霍去病率一万骑兵出陇西，六天急行军一千多里，直奔河西走廊，连破河西五国，匈奴无奈只好向北撤退。

注重速战速决的霍去病乘胜追击，亲率大军越过焉支山，追上匈奴主力浑邪王和休屠王的部队，一场恶战，霍去病凭高昂的杀敌锐气和灵活的战术，一举击杀匈奴兵九千多人，包括数名匈奴王子及多名匈奴将领。这就是第一次河西之战中有名的“春季攻势”。

为了彻底打击匈奴的势力，当年夏天，汉武帝再命霍去病为主帅又发动了攻打匈奴的第二次河西之战。霍去病出其不意，直击匈奴的大后方，以迅雷不及掩耳的“闪电战”一举拿下匈奴主力，歼敌3万余人，俘虏匈奴五王、王子及将领一百多人，打得匈奴措手不及。这就是第二次河西之战中有名的“夏季攻势”。

因此战，霍去病的食邑增为五千户，成为令匈奴上下闻风丧胆的赫赫“战神”。最终，汉朝取得抗击匈奴战争的胜利，使国家更加统一，长城内外“马牛放纵，畜积布野”，为经济文化的发展创造了极为有利的条件。

对汉武帝的评价，我们可以用“雄才大略”一词概括。汉武帝让汉王朝成为中国历史上少有的强大王朝，并开辟了通往西域的丝绸之路，这对后世的影响也是相当深远的。

“凿空西域”第一人张骞

我们在前面提到，汉武帝打通了去往西域诸国的丝绸之路，可事实上，真正打通丝绸之路的并不是汉武帝，而是汉武帝的手下——有“东方的哥伦布”之称的张骞。

张骞是中国历史上有名的外交家、探险家，也是丝绸之路的开辟者。张骞不仅将中原的文明传播至西域，还从西域诸国引进了核桃、葡萄、石榴、胡麻、苜蓿、汗血宝马等物种。

可以说，没有张骞两次出使西域，就没有丝绸之路的开辟。而没有丝绸之路的开辟，也就不会有汉朝与西域和欧洲文化的交流，我们就更不会那么早吃上核桃、葡萄、石榴等美味食物了。

可是，张骞为什么要出使西域，而且还出使了两次呢？下面我们就来一起解读一下。

出使西域

张骞的名字与“西域”相关联，最早见于《汉书·西域传》。西汉时期，狭义的西域就是指玉门关、阳关以西，葱岭[1]以东，昆仑山以北，巴尔喀

〔1〕葱岭：今帕米尔高原。

《葡萄图》轴

明代石玠绘。此画下笔刚果，用笔刚劲俊逸，其笔下的葡萄枝叶塑形立体。

什湖以南。而广义的西域还包括葱岭以西的所有地区，当时已有 30 余个大小不一的国家。

而西域诸国除了生产谷物外，不少地区还盛产葡萄等水果和苜蓿；畜牧业有驴、马、骆驼；矿石还有玉石等。而且，某些西域国家已经懂得锻造兵器，国力也相当强盛。

当时，河西走廊一带的月氏人被匈奴击败后，分裂为两个部分。一小部分翻越祁连山与青海的羌人逐渐融合，被称为小月氏；而大部分西迁到西域，被称为大月氏。可是，西域各国的游牧民族无意收留他们，因此，大月氏人只能向更远的西方迁徙。

汉武帝及时发现了这个好机会，经过慎重考虑之后，汉武帝决定下一道招贤榜，招募天下的仁人志士出使西域去联络大月氏人，劝说他们回到故乡，以便与大汉王朝共同抗击匈奴。招贤榜贴出以后，有一名年轻的御林军的将领前来揭榜应召，这个人便是张骞。

公元前 139 年，汉武帝决定派张骞担任出使西域的使节，肩负出使大月氏、“断匈右臂”的任务。

在张骞的极力推荐下，汉武帝还任命了一名叫甘父的匈奴勇士做张骞的助手。

要把结盟的书信送往大月氏，意味着3000多公里的漫漫旅途，沿途有重山阻隔，没有向导知道路该怎样走。更危险的是，要到西域，就必须穿越匈奴人所控制的领地，那里有驾驭着骏马的敌人围追堵截。而且，不管是张骞也好，匈奴人也好，根本就没有人知道大月氏人到底迁到了哪里。

身陷楼兰

就在张骞一行人到了楼兰地界（当时被匈奴人统治）时，他们被匈奴骑兵截获。匈奴单于命令手下，将张骞与甘父交给楼兰治下的部落首领看管。表面上，楼兰部落首领对二人十分优待，还分别给张骞和甘父各婚配了一名楼兰美女做妻子。可实际上，二人受到了严密看管。二人的妻子也一边监视他们，一边诱劝他们投降。

就这样，张骞在监视的目光下，开始了在异域的平凡生活，好在甘父被允许跟随在身边。张骞手握象征使命的节杖，颇为无奈地做起了牧羊人。后来，张骞的妻子为他生下一个儿子，手里的节杖也变成了一根光秃秃的杆子，但张骞心中的希望始终不曾破灭。

多年之后，看管的人渐渐放松了警惕。张骞和甘父借牧羊之机，收集情报，勘察路线。张骞回家的时间越来越晚，妻子当然知道是什么原因，可她没有告发，

楼兰

楼兰是西域古国名，其相关记载最早见于《史记》。楼兰是丝绸之路的必经地，可惜现在只有遗迹存留。楼兰遗址地处新疆巴音郭楞蒙古自治州若羌县北境，罗布泊的西北角、孔雀河道南岸7公里处。其国都楼兰城遗址，在今新疆罗布泊西北岸。

还默默地为他们准备着衣食行装。

光阴似箭，日月如梭，不知不觉十一年过去了。匈奴部落首领以为张骞已被酒色迷惑，因此放松了对他们的看管。张骞和甘父趁机逃出了囚禁他们十一年之久的魔窟。

经过几十天的昼伏夜行，他们终于越过沙漠戈壁，翻过冰冻雪封的葱岭，来到了大宛国。大宛国早就听说西汉王朝地大物博，繁荣昌盛，想和汉王朝建立联系。看到张骞到来，大宛国国王喜出望外，优礼相待。休息几天后，大宛国国王邀请张骞参观了大宛国的汗血宝马，并送给张骞和甘父每人一匹。之后，大宛国国王还派人直接护送张骞到了康居国。

康居国在大宛国和大月氏之间。康居国国王见到张骞也非常高兴，盛情款待了几天以后把他们护送到了大月氏。张骞在大月氏逗留了好几个月也没有得到明确答复，只好到邻近的大夏国又游历了几个月，回来以后仍没有具体回音。一年多后，张骞和甘父怀着怏怏不乐的心情离开了大月氏。

在回归的路上，张骞一行越葱岭，过莎车，经于阗和楼兰到了羌地，但不幸又被匈奴人抓获。而且，匈奴人又将张骞押送到了原来看管他的那个部落，并且被更加严密地看管起来。这一次，就连张骞自己都觉得逃脱无望了。可仅仅一年时间，匈奴单于病死，匈奴国内王公贵族争权夺势，一时乱起，谁都无心看管他们了。

于是，张骞与甘父、妻儿利用这种混乱局势，寻找机会再一次逃出了魔掌。后来，穿过戈壁荒漠，张骞一行人终于回到了汉朝，而这次彪炳史册的出行也这样画上了不算完满的句号。

张骞第一次出使西域历时十多年，这不仅是一次极为艰险的外交旅行，同时也是一次卓有成效的科学考察。张骞对广阔的西域进行了实地的调查研究工作，不仅亲自访问了西域各国和中亚诸国，而且从这些地方又初步了解到更为遥远的许多国家的情况。

回长安后，张骞将其见闻向汉武帝做了详细报告，而这些内容都被《史记》的作者司马迁记录了下来。这是关于上述地区最早、最翔实可靠的记载，是研究上述国家和地区的历史和地理的最珍贵的资料。汉武帝对张骞这次出使西域的成果非常满意，特封张骞为太中大夫。

西汉步兵

1965 年在陕西咸阳将军墓发掘。

通丝绸之路

公元前 119 年，在卫青、霍去病打败匈奴之后，汉武帝又任命张骞为中郎将，率 300 多名随员，携带大量的金、帛和牛羊，第二次出使西域。在张骞的带动下，汉朝和西域各国之间的联系大大密切起来。汉武帝和张骞的成功谋略，对东西方历史都具有深远的意义，而张骞开辟的这条通往西域的道路，就是著名的“丝绸之路”了。

公元前 105 年，汉使沿着张骞的足迹，来到了今伊朗境内，并拜见了安息国国王。汉朝使臣在献上了华丽光洁的丝绸后，安息国国王非常高兴，以鸵鸟蛋和一个魔术表演团回赠汉武帝。

在之后的岁月中，不论在东方还是在西方，张骞的名字都被人们所牢记。他使汉朝与西域各国建立

骆驼击鼓俑

了友好关系，西域第一次与内地联系成一体，促进了西域社会的进步，也丰富了中原的物质生活。

由于张骞等人的沟通，汉朝和西域的经济文化交流日益频繁。西域诸国开始向汉朝兜售天马、汗血宝马等良种马，也开始向中原推销葡萄、核桃、苜蓿、石榴、胡萝卜和地毯等，这些都丰富了汉朝的经济、军事生活。而汉朝的铸铁、开渠、凿井等技术以及丝织品、金属工具等也传到了西域，促进了西域的经济发展。

汉武帝开始在长安城中大量种植汉朝使者带回来的葡萄和苜蓿的种子，等外国使者到长安城，看到离宫别馆旁都种着一眼望不到边的葡萄和苜蓿时，满脸都是惊讶。汉武帝还在城郊的上林苑中，以“葡萄”命名了一座离宫，即“葡萄台”。

而且，他还命人在城南的乐游苑种植了许多苜蓿。当时，长安人称苜蓿为“怀风”，又称为“光风”，因为风行苜蓿丛中，常发出萧萧之声；而阳光照射其花，又有美丽的光彩，因而得名。长安远郊的茂陵邑也种植苜蓿，当地人称之为“连枝草”。

张骞的两次出使西域，打通了中西之间的交通线路，促进了东西文化的交流，在人类文明史上做出了重大的贡献。汉朝人把这件事称为“凿空”，就是“探险”之意，赞扬张骞打开中国与西方往来的大门。

当然，凿空西域的张骞的成功不是偶然的。他第一次出使西域中途被扣十多年，却一直没有忘记自己的使命，这说明张骞有一颗恒心；从西域带来了包括葡萄、苜蓿和核桃等很多良品，这说明张骞有一双慧眼。正是张骞的恒心和慧眼，改变了中国，也改变了世界。

张骞是中国历史上第一位走出国门的使者，他打开了中国与中亚、西亚及欧洲等国交往的大门。张骞的外交实践促进了东西方文化、经济的交流和发展，为中国汉代昌盛和后世的对外开放奠定了坚实的基础，产生了深远的影响，为整个世界的文明与进步注入了新的活力。

“一代枭雄”曹操

滚滚长江东逝水，浪花淘尽英雄。

是非成败转头空。青山依旧在，几度夕阳红。

白发渔樵江渚上，惯看秋月春风。

一壶浊酒喜相逢。古今多少事，都付笑谈中。

这是明代大才子杨慎所作的《临江仙·滚滚长江东逝水》，每当我们读起这阕词时，脑海中就会浮现出东汉末年那个动荡的年代。而在那个年代中，让人印象最深的当属“一代枭雄”——曹操。

曹操，字孟德，东汉末年杰出的政治家、军事家、文学家、书法家，三国曹魏政权的奠基人。可以说，集政治家、军事家、文学家、书法家于一身的诸侯，曹操是东汉末年绝无仅有的一位。

相信很多人之所以熟悉曹操，是因为罗贯中所著的《三国演义》。可《三国演义》毕竟是“演义”。曹操在历史上有“一代枭雄”之称。“枭”，意思是勇健；雄，即为英雄。枭雄，指的便是强横而有野心的英雄。而曹操也无愧为“一代枭雄”，他有野心，也有得天下的能力。

东汉末年，天下大乱，地方豪强拥兵自重，军阀之间割据混战。在这场混战中，实力不是很强大的曹操集团异军突起，战胜了北方所有的对手，一举统一了北方。

曹操（155—220年）

选自《清末京剧一百人物像册》。曹操，字孟德，东汉末年的权臣。曹操手握重权，以汉天子的名义，四处征战，统一了北方地区，为后面曹魏政权的建立打下了基础。去世后谥号为武帝。

能够做到如此成就，主要原因还在于曹操本人的政治水准，是那个时代最高的。

首倡义兵讨董卓

《三国志》记载，曹操是西汉相国曹参的后代，其实不然，曹操的父亲曹嵩是宦官曹腾的养子。东汉末年是汉王朝四百年间最黑暗、最混乱的年代，当时外戚擅权、宦官专政、军阀称雄。而年轻气盛的曹操，因是宦官曹腾之后，表面受人尊敬，实际却被汉朝老臣嗤笑。

当时，曹操还是个标准的“问题少年”，他“好飞鹰走狗，游荡无度”，而整日忙于争权逐利的曹嵩对曹操也很少过问。不过，曹操虽然不守规矩，却也是“才武绝人，莫之能害，博览群书，特好兵法”。因此，太尉桥玄据此认为曹操是“命世之才”。桥玄认定，将来平定天下者非曹操莫属，所以建议曹操去结交当时最有名的鉴赏家和评论家许劭。

当时，世人都以能获得许劭的评语为贵，因为许劭看人的眼光确实很独到。而在许劭那里，曹操得到的评语是人所共知的——“治世之能臣，乱世之奸雄”。

公元 174 年，十九岁的曹操被任命为负责洛阳北部治安的洛阳北部尉。天子脚下，权贵甚多，没有哪个是惹得起的。可是，曹操一到任就把官署衙门修缮一新，又造五色大棒，每个大门旁边各挂十多根，下令“有犯禁者，不避豪强，皆棒杀之”。

不巧的是，汉灵帝宠信的宦官——蹇硕的族叔完全不将曹操的禁令放在眼里，公然违禁夜行挑衅曹操。而曹操也不含糊，立即将蹇硕的族叔用五色棒打死。这下曹操杀一儆百，从此“京师敛迹，莫敢犯者”，治安情况大为好转，曹操也因此名震朝野。然而，在宦海沉浮之中，曹操早已清楚地看出，东汉王朝不可救药，天下大乱已不可逆转。

公元 189 年，并州牧董卓进京，自称太师，专擅朝政。曹操见董卓倒行逆施，逃出京师洛阳，首倡天下英雄讨伐董卓。董卓败亡后，曹操又收降黄巾余部三十余万，将其精锐组成军队，号青州兵。

挟天子以令诸侯

公元 196 年，曹操挟持献帝迁都许昌，改元建安。他用汉献帝的名义，频繁给各路诸侯颁布诏命，逐渐成为当时政坛上举足轻重的人物。

公元 208 年，曹操任丞相，从此独揽大权。公元 213 年，献帝下诏将河东等十郡册封给曹操为魏公。公元 216 年，献帝进封曹操为魏王，魏国丞相改称相国，设天子旌旗，出入称警跸〔1〕。后来又享有冕十二旒等一系列天子才能享用的礼仪。

至此，曹操不仅在实际上掌握了汉室政权，而且在形式上与汉天子也没有什么两样，只差一个皇帝的称号了。可是，曹操一直不取汉帝而代之。为什么呢？因为曹操当时打出的旗号是“兴义兵，诛暴乱，朝天子，佐王室”。

从公元 189 年起，讨董卓、伐袁术、杀吕布、降张绣、征袁绍、平乌桓、灭刘表、驱孙权、定关中、击刘备，一直用的是尊汉的名义，打的是讨逆的旗号。迁献帝于许都后，更是“奉天子以令不臣”。这是曹操的政治资本，也是曹操的政治负担。

他必须把这个包袱背下去。因为他在扔掉包袱的同时，也就丢掉了旗帜。没有了这面旗帜，曹操就无法号召天下，笼络人心。而且，若他称帝，不用说其他诸侯会群起而攻之，就连他的臣子们也会叛他而去。何况，中国北方基本统一，汉天子早已架空，朝廷内外，都是曹操的人、曹操的兵，只等曹

〔1〕警跸：即出行时开路清道，严密警戒，断绝行人，为皇帝出行时之礼。

《文姬图》

南宋佚名（旧传顾德谦），着重描绘出蔡文姬在匈奴生活的场景。

操一声令下，便可为他鞍前马后征战沙场。因此，曹操才一而再，再而三地向天下人表白“自己绝无篡汉之心”。

知错就改只唯才

公元 207 年，曹操北征乌桓大获全胜。回师的路上，走到冀州时，天寒地冻，荒无人烟，连续行军二百里不见滴水，军粮也所剩无几。最后，曹操大军“杀马数千匹以为粮，凿地入三十余丈乃得水”。

回到邺城后，曹操下令搜寻当初劝谏他不要征讨乌桓的人，并一一予以封赏。曹操说，他的这场胜利完全是侥幸，而大家的劝阻才是万全之策。因此，他要感谢大家，并恳请大家以后还是有什么就说什么，该怎么讲就怎么讲。也就是在这一年，曹操发布《封功臣令》，大致内容是说，他起义兵，诛暴乱，于今已十九年了，战必胜，攻必克，征必服，但这些并不是他的功劳，而是各位贤士大夫的功劳。

打了败仗检讨自己，打了胜仗感谢别人，而且感谢那些劝他不要打这一仗的人。正是这种非凡的气度和超人的胆识，才让曹操战胜了一个又一个敌人和对手，并凝聚了一个又一个勇将和谋臣。

曹操深知人才的重要，也清楚自己的分量。因此他需要大批的人来帮助他、支持他，尤其是要争取高门世族的人来合作，以资号召。能帮忙最好，不能帮忙，帮腔、帮闲的也行；有才的要，有名的要，徒有虚名的也要。

总之，曹操对人才一直本着来者不拒，多多益善的原则。就拿他手下的五员大将来说，其中有三员就是来自敌营——张辽原是吕布部将，张郃原是袁绍部将，徐晃原是杨奉部将，而乐进和于禁则是曹操亲自从底层提拔起来的。

当然，除了政治水准之外，曹操还是那个时代文化水准最高的人。

曹操是一个热爱生命、热爱生活而且好读书、勤思考的人。这就使他的深沉不同于一般阴谋家、野心家的深于城府，而是有一种对宇宙人生的深刻思考。

他的《龟虽寿》和《短歌行》中，有“神龟虽寿，犹有竟时。腾龙乘雾，终成土灰”“对酒当歌，人生几何？譬如朝露，去日苦多”的佳句，而这些佳句，也可以看作是对宇宙和人生的一种哲学思考。不过，曹操是站在他政治家的立场上来思考的。因此他的结论是“老骥伏枥，志在千里。烈士暮年，壮心不已”；是“山不厌高，水不厌深，周公吐哺，天下归心”。也就是说，应该抓紧这不多的时光，在短暂的人生中做出轰轰烈烈的事业，实现自己的政治抱负。

读曹操的诗和文，常会感到他的英雄气势。哪怕是信手拈来、嬉笑怒骂、随心所欲的短章，也因有一种大气而不显粗俗。尤其是他的《观沧海》：“东临碣石，以观沧海。水何澹澹，山岛竦峙。树木丛生，百草丰茂。秋风萧瑟，洪波涌起。日月之行，若出其中；星汉灿烂，若出其里。幸甚至哉，歌以咏志。”曹操毕竟是乱世英雄。对于生命的毁灭，他比谁都看得多，比谁都想得多。他的感慨，是多少带点终极关怀的意味的。

可以说，如果没有曹操，就没有中国文学史上的三曹；如果没有曹操，就更没有中国文学史上的建安七子；如果没有曹操，就绝没有中国文学史上的蔡文姬和她的胡笳十八拍。

曹操大气、深沉、豁达、豪爽、洒脱、风趣、机敏、随和、狡诈、冷酷、残忍。他不是一个政治符号或政治僵尸，而是一个鲜活的人，是那个时代政治水准最高、文化水准最高的传奇一般的存在。

蔡文姬

蔡文姬，名琰，字文姬，生卒年不详。蔡文姬是文学家蔡邕之女，也是东汉时期女性文学家，她博学多才，擅长文学、音乐、书法。东汉末年，原本归降汉朝的南匈奴趁机叛乱，蔡文姬为匈奴左贤王所掳。曹操统一北方后，花费重金将蔡文姬赎回，并让其嫁给董祀。文姬归汉的故事广为流传。

“功盖三分国”诸葛亮

东汉末年，各路诸侯割据一方，其中势力最大的诸侯当属曹操。曹操一举统一了中国北方，还差点儿统一了全国。为什么说曹操“差点儿”统一了全国呢？因为他有一个强大的对手——皇叔刘备。而刘皇叔之所以能凭借一隅之地，与曹操抗争多年，则是因为他有一个“三顾茅庐”请来的军师——卧龙诸葛亮。

跟曹操一样的是，诸葛亮也是杰出的政治家、军事家、文学家和书法家；跟曹操不一样的是，诸葛亮是三国时期蜀汉的丞相。

相信很多人熟悉诸葛亮，也是因为《三国演义》和各类评书、故事。可问题是，诸葛亮在历史上到底起到了什么作用呢？下面我们就一起看看“功盖三分国”诸葛亮的故事。

隆中对分天下

公元181年，诸葛亮诞生在琅琊郡阳都县[1]。诸葛亮3岁丧母，8岁丧父，其叔父诸葛玄带着诸葛亮和诸葛亮的弟弟诸葛均投奔荆州刘表。

诸葛亮16岁时，其叔父诸葛玄病逝。此时，已到隆中隐居的诸葛亮常

〔1〕阳都县：今山东省临沂市沂南县。

诸葛亮（181—234年）

近代张大千绘。诸葛亮，字孔明，三国时期蜀汉丞相，著名政治家、军事家、文学家和书法家。刘备听闻诸葛亮的才能，三顾茅庐才见到诸葛亮。诸葛亮足智多谋，助刘备多次战役取得胜利，亦在经济、政治方面多次献计。一生尽心尽忠，『鞠躬尽瘁，死而后已』。逝后，刘禅追谥其为忠武侯。

君臣鱼水

选自《帝鉴图说》的上篇《圣哲芳规》。此画面描绘的是蜀汉昭烈帝刘备收得诸葛亮后，与他关系愈见甚好，引起了关羽、张飞的不满。刘备却说，我得先生，如鱼得水。这个故事说明了刘备对人才的珍视。

以管仲、乐毅对比自己，当时的人认为诸葛亮是个沽名钓誉且无真才实学的人，只有好友徐庶、崔州平等少数几个人相信他的才华。而且，诸葛亮与当时的襄阳名士司马徽、庞德公、黄承彦等也有结交。这些名士送了诸葛亮一个雅号，叫“卧龙”。

此时正值天下大乱，曹操坐据朝廷，孙权拥兵东吴。为曹操所败，被迫投奔荆州刘表，并屯兵于新野[1]的刘备积极联络当地的豪杰。公元 207 年冬至 208 年春，司马徽与徐庶几次向刘备推荐诸葛亮。刘备希望徐庶引诸葛亮来见他，但徐庶却建议：“这人可以去见，不可以令他屈就到此，将军宜屈尊以相访。”

第二天，刘备就和关羽、张飞带着礼物到隆中，去请诸葛亮出山辅佐他。恰巧诸葛亮这天出去了，刘备只得失望地回去。

不久，刘备又和关羽、张飞冒着大风雪第二次去请诸葛亮。不料诸葛亮又出外闲游去了。张飞本不愿意再来，见诸葛亮不在家，就催着要回去。刘备只好留下一封信，表达自己对诸葛亮的敬佩和请他出山帮助自己挽救国家危局的意思。

过了一段时间，刘备吃了三天素之后，准备再去请诸葛亮。关羽说诸葛亮也许是徒有虚名，未必有真才实学，不用去了。张飞却主张由他一个人去叫，如他不来，就用绳子把他捆来。刘备把张飞责备了一顿，又和他俩第三次邀请诸葛亮。

当他们到诸葛亮家门前，已经是中午，诸葛亮正在睡觉。刘备不敢惊动他，一直站到诸葛亮醒来，才彼此坐下谈话。这就是三顾茅庐的故事。

至于诸葛亮与刘备谈话的内容，则是天下闻名的《隆中对》。诸葛亮为刘备分析了天下的形势，说：“北让曹操占天时，南让孙权占地利，将军可占人和，拿下西川成大业，和曹、孙成三足鼎立之势。”刘备听后大赞，力邀诸葛亮相助，于是诸葛亮便出山入幕。

---

〔1〕新野：位于今河南省南阳市。

刘备常常与诸葛亮谈论天下大事，关系也日渐亲密。刘备厚待诸葛亮，引得关羽、张飞等人大感不悦，刘备向他们解释道：“我有了孔明，就像鱼得到水般，希望诸位不要再说了。”关羽、张飞等人便不再抱怨。诸葛亮所提出的《隆中对》，则成为此后数十年蜀汉的基本国策，诸葛亮时年 27 岁。

联孙抗曹保蜀汉

公元 208 年，刘表病逝，其次子刘琮继位。当时托名为汉相的曹操统一北方后，率 20 万大军南下，准备一举统一中国。听到曹操南下的消息，刘琮遣使投降。诸葛亮劝说刘备，及时攻打刘琮，可趁机占领荆州，刘备不忍。刘备于樊城知道曹操大军南下后，率军队和百姓南逃，曹军在当阳长坂追上并大破刘军，刘备败走夏口〔1〕。当时孙权率领军队驻扎在柴桑〔2〕，观望事态的发展，诸葛亮便自荐到柴桑做说客。

可以说，诸葛亮此番能否劝服孙权与刘备联手抗曹，是关系到刘备一方生死存亡的大事。所以这次出使东吴，诸葛亮只能成功，不能失败。

到达柴桑后，诸葛亮面见孙权，并为其分析了天下大势——海内大乱，孙权一方起兵江东，刘备一方收复汉中，曹操一方则在北方独大，三种势力并存。随即，诸葛亮向孙权展示了三种势力的平衡关系，并将自己《隆中对》的思想传递给了孙权，与孙权统一了战线——曹操是敌，孙刘需要联手抗曹。

诸葛亮给孙权指出了两个选择：孙权如果能以自己的军力与曹操抗衡，不如早和曹操断交；如果认为不能抵挡，就应该停止军事行动，向曹操称臣。

孙权反问诸葛亮，刘备为何不投降。诸葛亮回答说，刘备有气节，绝不投降，以向孙权显示刘备的决心。孙权大怒，誓言不会向曹操投降，但却有所担心，刘备还有多少兵力战斗。诸葛亮回答说，刘备能掌控的军队有两万

〔1〕夏口：今湖北省武汉市汉口。
〔2〕柴桑：今江西省九江市。

吴太祖孙权（182—252年）

节选自《历代帝王图》卷。唐代阎立本绘。孙权被魏文帝封为吴王，建吴国。黄龙元年（229年），孙权称帝。

多，而曹操虽然人多势众，但劳师远征，粮草不济，加之不习水战，没有百姓支持，最后肯定要打败仗。

孙权十分高兴，决定联刘抗曹，派三万水军，与曹操开战。诸葛亮便回到刘备处。这一年冬，曹操大军在赤壁遭遇孙刘联军火攻，曹操大败，回师北还，这便是著名的赤壁之战。此战之后，孙权、刘备各自夺去荆州的一部分，奠定了三国鼎立的基础。

公元220年，曹操去世，其子曹丕篡汉称帝，国号魏，史称曹魏。次年

《赤壁图》

刘备称帝，史称蜀汉。公元229年孙权称帝，国号吴，史称东吴。至此三国鼎立正式形成。

三国鼎立伐曹魏

俗话说：“打江山容易，保江山难。”虽然三国鼎立局面已经形成，但尽人皆知，在这三国中，曹魏实力最强，蜀汉实力最弱。可还未等诸葛亮一展宏图，蜀汉开国皇帝刘备就病逝了。临终前，刘备托孤诸葛亮，希望他能辅佐幼主刘禅。诸葛亮承诺自己必将做到鞠躬尽瘁，死而后已。此时的诸葛亮知道，要想保证蜀汉能够长期存在，必须要有一个牢固的大后方。所以，诸葛亮制定了先南后北的政策：南，就是率军南征，平定南中地区的叛乱；北，就是率军以攻为守，北伐曹魏。

公元225年，诸葛亮率军南征南中地区。南中的范围包括今云南、贵州和四川南部，以及缅甸东北部。从秦至东汉的几百年，有很多汉人百姓迁至南中，形成了南中部落首领与汉人豪强大户相互利用的局面，情况非常复杂。刘备去世后，南中豪强们开始反抗蜀汉的统治。由于刘备刚死，蜀汉国势不稳，诸葛亮并没有急于收服南中。两年后，蜀汉逐渐恢复了元气，诸葛亮这才动兵。

诸葛亮平定南中后，不但有了稳固的后方，还有了南中兵源的有力补充。从公元228年至234年，诸葛亮先后五次率领大军对曹魏展开军事行动，最后他

六出祁山

《三国演义》中提到的“六出祁山”指的正是诸葛亮出兵北伐曹魏的军事行动，这是其贯彻《隆中对》思想，北定中原，兴复汉室的重要举措。但实际上，诸葛亮北伐曹魏只发动了五次进攻，其中只有两次是从祁山出兵的，所以诸葛亮“六出祁山”的说法并不符合真实历史，只是一种艺术化的表达。

自己在第五次北伐途中病逝。

看到这里，相信很多人心里都有这样一个疑问：为什么诸葛亮一直坚持北伐，挑战强大的曹魏呢？其实，诸葛亮在《出师表》的第一句话里就已经给出了答案，那就是“今天下三分，益州疲弊，此诚危急存亡之秋也”。

当时的魏、蜀、吴三方中，魏国的地盘、人口、经济、文化等指标明显是最强的，后来由于长期战争导致社会生产力遭到严重破坏。而东吴和蜀汉所占据的南方因偏居一隅，受战争影响较小，经济和社会环境都相对稳定。

也正因如此，才使得蜀汉和东吴能与曹魏形成三足鼎立之势。一旦曹魏进入长期稳定发展阶段，很快就会在经济上对蜀汉和东吴形成碾压之势，到那时曹魏统一全国就只是时间问题。除此之外，困于益州一地的蜀汉与魏吴相比，人才的匮乏也是其一大短板，只有通过北伐，在战争中学习战争，蜀汉才有可能吸纳更多来自外部的优秀人才，兴复汉室才有希望。诸葛亮的五次北伐虽以失败告终，但在客观上巩固了蜀国的地位，延续了蜀国的政治生命。

诸葛亮的隆中对策，让刘备第一次拥有了属于自己的地盘。赤壁之战前，在曹操处于绝对优势和刘备处在绝对劣势的情况下，诸葛亮只身一人过江东，说服孙权联刘抗曹，终于三分天下，完成了“功盖三分国”的目标。虽然其“出师未捷身先死”，但有关诸葛亮的故事却没有被历史湮没，一直流传至今。

“鹰视狼顾”司马懿

说起三国时期的名人，大家都会脱口而出“曹操”“刘备”“诸葛亮”“孙权”……可如果说起三国时期笑到最后的人，那人人都会提到一个名字——“司马懿”。

其实不管是诸葛亮也好，曹操也罢，他们二人都有一个共同的对手，那便是司马懿。之所以说司马懿是诸葛亮的对手，是因为诸葛亮的五次北伐，都是因为司马懿而功败垂成；之所以说司马懿是曹操的对手，是因为曹魏的政权，正是被权臣司马懿所篡夺。

作为三国时期的政治家、军事谋略家、西晋王朝的奠基人，司马懿是个非常厉害的角色。而提到司马懿最大的特点，当属其“鹰视狼顾”的样貌。

司马懿（182—252 年）

字仲达，三国时期著名政治家、军事家。魏国辅政重臣，后期成为掌控魏国朝政的权臣。

司马懿避世

我们先了解一下“鹰视狼顾”这个词语。所谓“鹰视”，指的就是一个人的目光十分敏锐，能够像鹰一样对四周的环境了如指掌；所谓“狼顾”，指的就是像狼一样不用转身，就可以把头转向正后方。相对而言，一个人“鹰视”容易而“狼顾”难。

在中国古代，人们认为能做到180度回首的只有狼与狗，因此认为有该相貌的人，都是狼心狗肺、心术不正的人。不过，也有一部分人认为，有该相貌的人都有帝王之志。所以，很多皇帝都忌惮“鹰视狼顾”的人。

公元179年，司马懿出生于河内郡温县孝敬里[1]，他比曹操小24岁，比诸葛亮大2岁，满腹才华的司马懿并不想为曹操效命，原因主要有二，一是因为曹操“挟天子以令诸侯”，掌控了东汉政权，二是因为曹操是宦官之后。

然而，官渡之战后的公元201年，曹操听说司马懿是个人才，非要让司马懿到自己的府中任职。本不想在曹操手下任职的司马懿担心曹操会随便找个借口杀掉自己，只能谎称自己有风痹病，委婉地拒绝了。

曹操认定司马懿是在装病，于是他心生一计，找来了一名刺客说道：“如果司马懿真的是得了风痹病，那他遇到紧急情况必然动弹不得。你去吓唬吓唬他，如果司马懿动了就是装病，你就地杀掉他，如果不动就是真病，你直接回来即可。”

就这样，刺客奉曹操之命偷偷潜入司马府，突然出现在司马懿床前用剑直刺其胸，结果司马懿“坚卧不动”。刺客立刻收回利剑，越窗而逃，归告曹操，曹操这才放心。

可是，曹操是实至名归的“世之枭雄”，司马懿能骗过曹操一时，却不能骗过曹操一世。曹操心里知道司马懿不想在自己手下任职，但司马家族是个相当庞大的名门望族，曹操很想让天下人都知道自己爱才、惜才，以此拉拢以司马家族为首的士子家族。于是，曹操又想到一个招揽司马懿的办法。

公元208年夏，赤壁之战前夕，升任丞相的曹操再次辟司马懿为幕僚。也许是对司马懿七年前的表演有所耳闻，这次曹操一面公开送辟书，一面派员秘密前往探查。

---

[1] 孝敬里：今河南省焦作市温县。

司马懿故技重演，再次高卧不起。然而，大雨骤降，仓促中，他竟忘了自己是个不能自理的风痹病人，跳下床来奔向正在晾晒的书籍。这一幕恰巧被正在门外大树下避雨的便衣官吏目睹，并报给了曹操。曹操对司马懿的阳奉阴违十分恼火，命令执行者：司马懿若再敢耍花招，立即捕杀。就这样，司马懿被迫成了曹操之子曹丕手下的一个幕僚。

这个故事说明青年时期的司马懿有两个特点：一是能忍耐，二是演技高超。司马懿刚刚到曹操手下就职的时候，曹操非常高兴，也格外礼遇厚待司马懿。但是后来发生了一件事，这件事便出在司马懿的长相上。

“鹰视狼顾”之相

在古代，不少人都善于通过相面预测未来。而曹操学富五车，又见多识广，他虽不是相士，但对相貌之说也略知一二。何况，曹操本身疑心就重，有人私下对曹操说司马懿有“鹰视狼顾”之相后，曹操就私下观察了一段时间，发现确实如此。

不过，司马懿毕竟是个杰出之才，曹操担心自己死后儿子曹丕不是他的对手，便要加以验证。他随便寻了个事由把司马懿召来，又敷衍着问了几个问题，随后便摆了摆手说：“没事了，你可以回去了。”

司马懿转身离开，刚走没几步，曹操突然高声喊道：“等一等！还有个事儿！”没有提防的司马懿马上站住，头完全转过来了，身体未有丝毫倾斜转动，看向曹操。“鹰视狼顾”之相暴露无遗。阅人无数的曹操，马上感到了胆寒。可是，要是仅仅因为他不转身就能回头，就杀了他或者把他赶回家，岂不让人耻笑？更重要的是，此时的曹操认为自己还可以活很多年，他相信只要自己活着，司马懿就不敢做出越轨举动。所以，曹操只是对曹丕嘱咐了“司马懿‘鹰视狼顾’，不可付之兵权”。

不得不说，曹操是个当之无愧的一代枭雄。清醒时，曹操能谋善断，是一位优秀的统帅；睡觉时，曹操也不闲着。

公元212年，曹操做过一个梦。梦里他看到有三匹马在同一个槽里吃食。曹操心想：三匹马在同一个槽里吃食，即三马同槽。而“槽”谐音“曹”，“三马同槽”不正意味着马氏要吃掉曹氏吗？此时正值西凉不稳，而打头闹事的就是马腾、马超和马岱。于是，曹操想当然地认为，梦中的“三马”指的便是西凉的马腾、马超和马岱。现在不及时铲除，日后必成大患。想到此，曹操迫不及待地统兵杀向西凉，要一举灭掉马腾、马超和马岱。

战胜了西凉马腾、马超和马岱后，曹操睡觉就踏实了许多。可是，曹操在晚年时又一次做了“三马同槽”的梦。醒来后，曹操有些纳闷，因为西凉的马腾、马超和马岱已经被自己消灭了。想到这儿，曹操便重新审视身边的人。这一次审视让曹操有了重大发现——司马懿、司马师和司马昭三父子的名字中也带着“马”。曹操这才明白，自己的预见梦中，“三马同槽”指的是司马懿、司马师和司马昭。曹操立刻

魏晋“关外侯印”铜印

在魏国，“关外侯”的官职相当于六品或七品左右。

东汉至魏晋玉龙纹环

将太子曹丕叫来，对他说道："司马懿不是个甘做人臣的人，将来必定会干预曹氏的朝政、家事，你一定要严加防范，万不可疏忽大意。"

高平陵之变

公元220年曹操病逝，曹丕称帝。此时，曹操在世的儿子尚有十三人，其中包括曹植和曹彰。曹植能文，曹彰能武，三人若能齐心，必能光大曹魏政权。但曹丕却把二人视为最大的敌人，不惜置之于死地。于是，曾经协助曹丕斗赢了曹植的司马懿就受到了曹丕的重用。

曹丕临死前，他又任命司马懿、曹真、曹休、陈群四人为辅政大臣，并告诉太子曹叡说："他们都是我大魏的大忠臣，千万不要怀疑他们！"曹丕临死前说的这句话，无疑为司马懿篡权、曹魏亡国埋下了伏笔。可见，对于司马懿势力的崛起，曹丕要负最大的责任。

年轻的曹叡认为自己不需要任何人辅政，于是，他任命曹休为大司马，位在百官之上；曹真为大将军，掌管天下兵马；司马懿为骠骑大将军，位列诸将前首；陈群为司空，位列三公。表面来看，曹丕安排的辅政要员，在曹叡手下都青云直上。可是，任命不等于任用。曹休依然驻守扬州，对付孙权。曹真被派往关中战区，对付诸葛亮。司马懿被派往南方战区，镇守吴蜀两国的接合部。陈群负责尚书台，留在皇帝身边处理政事。

曹操早就认定司马懿有狼顾之相，绝非人臣。而

大司马

古代官职，是执掌军事的最高长官，东汉初年为三公之一，东汉末年从三公中分离出来，位列三公之上。三国的官制基本沿袭了东汉官制，魏国大司马一般多由大将军升迁而来，曹仁、曹休、曹真等人都曾做过大司马。

晋武帝司马炎（236—290年）

选自《历代帝王图》卷。唐代阎立本绘。晋朝开国皇帝，晋宣帝司马懿之孙。

他的儿子曹丕把司马懿推到了辅政大臣的位置上。他的孙子曹叡更把司马懿推到了军事统帅的位置上。如此，曹魏基业焉能不亡？

公元239年，35岁的曹叡英年早逝。8岁的儿子曹芳继位称帝，曹真的儿子曹爽和司马懿共同辅政。在曹爽的授意下，曹芳晋升司马懿为品位尊贵但无实权的太傅，从而夺去了司马懿的实权。自此，曹爽权倾朝野，而同为辅政大臣的司马懿则被架空。

为了等待时机，凝聚反击力量，司马懿再次以生病为由辞职以回避曹爽。对司马懿告老还乡，曹爽并不放心，便派心腹李胜前去察看司马懿的动静。司马懿又在李胜面前装出重病的样子，因此令曹爽对他更为松懈。

公元249年春，司马懿乘曹爽兄弟跟随魏帝祭扫魏明帝曹叡的陵寝高平陵之机发动了政变。司马懿迫使郭太后[1]下令废曹爽兄弟官职。曹爽犹豫不决，最终为求活命而同意交出大权。数日后，司马懿以谋反罪名族诛曹爽兄弟及亲信何晏等人。自此以后，曹魏政权实际落入司马氏集团手中，一直到司马炎篡位称帝建立晋朝，可以说是司马氏的晋朝一举结束了三国鼎立的局面。

司马懿这个人，其一是能等；其二是能忍；其三是有演技。他与曹操相比，有很多一样的地方：二人虽生前非帝王，实有开国之功；二人都是枭雄，但格局却相差甚远。曹操装的是天下，司马懿装的是小家。司马懿这样的一个阴谋家最终掌控了曹魏政权，从此以后的伦理道德则完全沦丧。这便是晋朝开国皇帝，“鹰视狼顾”司马懿的故事。

〔1〕郭太后：魏明帝曹叡的皇后。

东山再起的谢安

若问起谁才是“历史上最完美的男人”，很多人都会陷入沉思，因为“完美”二字太难达到。但有这样一个人，他在当世便有“历史上最完美的男人”的称号，而且，南宋史学家、文学家徐梦莘把他与周瑜相提并论，谓之曰“周瑜赤壁之举，笑谈而成；谢安淝水之师，指挥而定”。那么，谢安到底是个什么样的人呢？

对于一般人而言，对于谢安的了解就是一个成语或一句诗。成语“东山再起”，说的便是谢安，而诗句“旧时王谢堂前燕”的“谢”，说的也还是谢安。当然，相信很多人的兴趣点都是“最完美”三字。说谢安“最完美”，首先是说他长了一张俊美的脸，用现在的话说就是美男子。当然，长得好看没什么大用，谢安之所以能够配得上“最完美”三字，靠的是自己的能力。

位居东晋宰相的谢安，凭借自己的实力和谋略，在“泰山崩于前”的危机情况下，“而面不改色”地在谈笑间便解决了东晋政权的内忧外患。而对于面临灭亡的中原农耕文明来说，谢安也是实至名归的中流砥柱。

看到这里，不少人都会有这样一个疑问：华夏文明怎么会面临灭亡呢？这件事还要从公元 265 年说起。

王与马，共天下

当年，司马懿的孙子司马炎代魏建晋，定都洛阳，史称西晋。公元280年，西晋灭吴，重新实现全国统一。公元290年，司马炎去世，他的白痴儿子司马衷即位。在随后的十六年里，司马炎分封的八个诸侯王为争夺最高权力，手足相残，兵戎相见，后世谓之“八王之乱”。在“八王之乱”后期，北方少数民族趁机南下起兵反晋。

公元311年，来自北方的匈奴贵族率兵攻破洛阳，除俘获了西晋的皇帝之外，还杀王公士民三万余人，是谓“永嘉之乱”。几百万中原百姓，被迫南迁到江淮之间甚至长江以南，是谓“衣冠南渡”。五年后，匈奴贵族又攻入长安，西晋最终亡国。

“永嘉之乱”后，和几百万中原百姓一样的是，那些没有被北方的匈奴贵族杀掉的西晋皇室成员也只能是被迫南迁；跟几百万中原百姓不一样的是，这些残存的西晋皇室成员在建康[1]重新建立了晋政权，史称东晋。

至于这一时期的中国北部地区，十几个大小不一的割据政权整天打打杀杀，使几千万世世代代的中原农耕民族被屠杀得只剩下了几百万，连传承了几千年的中原农耕文明都差一点被灭绝了。说到这东晋政权

八王之乱

这是发生于西晋时期的一场皇族为争夺中央政权而引发的内乱，是我国历史上最为严重的皇族内乱之一。参与动乱的王并不止八个，但其中有八位王为主要参与者，所以史称这次动乱为“八王之乱”。

这场动乱对当时的社会经济造成极为严重的破坏，直接导致了西晋的亡国，以及此后近三百年中原地区的动乱。

〔1〕建康：今江苏省南京市。

张华（232—300年）

西晋司马炎时期的名臣，力主伐吴，实现统一；尽心辅佐晋惠帝，让『八王之乱』暂停了八年时间，促使天下安定。

西晋镇墓兽

陶器。河南偃师杏园村西晋墓出土。高25.4厘米。其形类似牛，低头，头顶部生三犄角，躯干敦实，四肢粗壮，尾部卷翘，古代传说中祥瑞之兽。镇墓兽，是我国古代丧葬文化中的墓室明器。

的建立，就要提到“王与马，共天下”的故事了。

讲“王与马，共天下”的故事之前，我们先来看一下“王谢”。王谢，六朝望族琅琊[1]王氏与陈郡[2]谢氏之合称。“永嘉之乱”后，琅琊王氏和陈郡谢氏族人，从北方南迁至金陵，后因王谢两家权倾朝野、文采风流、功业显著，成就了后世家族无法企及的荣耀。为后人所仰慕，故有“王谢”之合称。刘禹锡的《乌衣巷》中说“旧时王谢堂前燕，飞入寻常百姓家”，“乌衣巷”地处南京南门朱雀桥附近，为东晋王谢两家聚居之处。

琅琊王氏。东晋初年，琅琊王氏的首脑人物是王览的孙子王导。王览是“二十四孝”中“卧冰求鲤”的那个孝子王祥的同父异母弟弟。

西晋年间，被封为琅琊王的皇室成员司马睿，看中了王氏家族在琅琊的势力，便盛情邀请琅琊王氏家族的首领王导作为自己的幕僚。

“永嘉之乱”时，朝廷多次征召司马睿率军入京勤王，但司马睿为保存实力，屡屡寻找借口搪塞。当时，江淮地区和平安宁，人口众多，王导执政，务在清静。司马睿和文武百官都很尊重王导，司马睿甚至称王导为“仲父”。

〔1〕琅琊：今山东省临沂市。
〔2〕陈郡：今河南省周口市太康县。

司马睿称帝后，王导居中央策划，王导的族兄王敦则总军权，王氏家族亲属居内外要职者人数甚多，因此，司马睿登基称帝时，执意要拉王导共登御座。时人遂有“王与马，共天下”之谚。

谢氏中兴

随着琅琊王氏的崛起，陈郡谢氏感觉到了危机。谁能够改变陈郡谢氏的危机局面呢？这就有了谢安“东山再起”的故事。

真正有史可考的陈郡谢氏第一人，是曹魏时期的典农中郎将谢缵。他当时所任的官职尽管不高，但由于掌握人力和物力，任职的地点又是曹魏的中心之一，仍为谢氏家族的兴起奠定了基础。

从此，谢缵的儿子谢衡、谢衡的儿子谢鲲、谢鲲的弟弟谢裒等人，相继在魏晋时期步入仕途，并不同程度地为家族赢得了声誉，并使自己的家族从一般的官宦之家演变为世代为官的世族之家。

当然，需要指出的是，在东晋中叶以前，谢氏并未取得一流世族地位，

《兰亭修禊图》卷

明，钱榖。纵 24.1 厘米，横 435.6 厘米，美国大都会艺术博物馆藏。
钱榖（1508—1572 年），字叔宝，江苏苏州人，师从文徵明。“兰亭修禊”这幅画描绘了东晋王羲之《兰亭序》中的景象。

甚至家族成员被人轻视的事情还时有发生。

“永嘉之乱”爆发后，陈郡谢氏亦举族南迁。这就要说到谢安了。谢裒有六个儿子：谢奕、谢据、谢安、谢万、谢石、谢铁。在这六兄弟当中，最出名的是老三谢安。在这六兄弟的后代当中，最出名的是老大谢奕的儿子谢玄，谢玄的儿子便是谢灵运。

出生于公元320年的谢安，字安石。从小受家庭的影响，童年时期的谢安神态沉着，思维敏捷。少年时的谢安得到宰相王导的器重，已在上层社会中享有较高的声誉。

然而，谢安并不想凭借出身、名望去猎取高官厚禄。朝廷几次征召谢安为官，都被谢安以各种借口推辞。后来，谢安干脆隐居到会稽郡的东山，与王羲之等名士频繁交游。

当时，谢安的弟弟谢万任豫州刺史，担负守边的重任。公元359年冬，奉命讨伐前燕的谢万因兵败被革职，谢氏兄弟再无人担任高官，为避免门户中衰，四十多岁的谢安自此才开始有做官的志趣。

谢安出仕

公元360年，谢安应征西大将军桓温之邀担任他帐下的司马，谢安从新亭[1]出发，百官都为他送行，御史中丞高崧对他开玩笑说：“足下屡次违背朝廷旨意，高卧东山，众人常常议论说，谢安石不肯出山做官，将怎样面对江东百姓！而今江东百姓将怎样面对出山做官的谢安石呢！”桓温得谢安为僚属，十分高兴。对左右的随从说：“你们可曾在我的僚属中见过这样有才能的人？”

谢安到任后，推荐门生几十人给田曹中郎将赵悦子录用，赵悦子上报桓

〔1〕新亭：今南京市软件大道一带。

温，桓温让他录用一半，但赵悦子认为：“当年谢安在东山时，官府名流屡次催逼，唯恐他不关心政局人事，今天他自己从乡选举士，哪里有反而不用的道理。”于是，桓温将谢安推荐的士子全部录用，这便是成语“东山再起”的由来。

谢安（320—385年）

东晋时期政治家。

东晋权臣桓温病死之后，谢安掌控东晋朝廷实权。当时，前秦在其君主苻坚的治理下日益强盛，晋军在与前秦的交战中处于劣势，谢安举荐自己的侄子谢玄出任兖州刺史，镇守广陵，负责长江下游江北一线的军事防守。谢安则自己都督扬、豫、徐、兖、青五州军事，总管长江下游。谢玄不负叔父重托，在广陵挑选良将，训练精兵，选拔了刘牢之等人，并训练出了北府兵。

公元379年，秦晋淮南之战爆发。谢安令谢玄率五万北府兵起兵应敌，结果是四战四胜，全歼前秦军队。公元383年，苻坚率领着号称百万的大军南下，志在吞灭东晋，统一天下。谢安依旧镇定自若，派谢石、谢玄等率兵八万前去抵御。

出发之前，谢玄特地到谢安家去告别，并请示一下这个仗怎么打。但谢安神情泰然，毫无惧色，回答道：“朝廷已另有安排。”过后默默不语。谢玄不敢再问，便派好友张玄再去请示。谢安于是驾车去山中别墅，与亲朋好友聚会，然后才与张玄坐下来下围棋赌别墅。

谢安平常棋艺不及张玄，这一天张玄心慌，反而败给了谢安。谢安赢棋之后，立即登山游玩，到晚上返回之后，才把谢石、谢玄等将领召集起来，当面交代机宜事务。

清代禹之鼎绘《竹林七贤图》卷

竹林七贤是指魏末晋初的七位名士：阮籍、嵇康、山涛、刘伶、阮咸、向秀、王戎。竹林七贤就是玄学的代表人物，他们在生活上不拘礼法，清静无为，聚众在竹林喝酒，纵歌，偶尔还会写一些揭露和讽刺司马朝廷的作品。

当时，在荆州防守的桓冲听说形势危急，打算专门拨出三千精兵到建康来保卫。谢安却把这三千精兵打发回去了。桓冲非常担心地对将士说：“谢公的气度确实叫人钦佩，但不懂得打仗。眼看敌人就要到了，他还那样悠闲自在：兵力那么少，又派一些没经验的年轻人去指挥。我看我们都要失败被俘了。”

结果当年年底，双方决战淝水，谢玄率领晋军以少胜多，取得淝水之战的胜利。

当晋军在淝水之战中大败前秦的捷报送到时，谢安正在与客人下棋。他看完捷报，便放在座位旁，不动声色地继续下棋。客人憋不住问，谢安淡淡地说：“没什么，孩子们已经打败敌人了。”直到下完了棋，客人告辞以后，谢安才抑制不住心头的喜悦，雀跃入室，把木屐底上的屐齿都碰断了。淝水之战的胜利，使谢安的声望达到了顶点。

正是因为有了谢安的东山再起，才使得淝水之战不但以东晋的全面胜利告终，还保存了传承了几千年的中原农耕文明。

千古功过难评说的隋炀帝

东晋之后，我国进入长期分裂对峙的南北朝时期。当时的南朝，指的是宋、齐、梁、陈四个国家，北朝则是北魏、东魏、西魏、北齐和北周五个国家。

公元 581 年，杨坚代周为帝，改国号为“隋”。公元 589 年，隋朝灭陈，百姓终于迎来了短暂的和平。

可是，一件令人意想不到的事情却悄然发生了。

公元 604 年，中国历史上名声最差的昏君之一——隋炀帝杨广登基，老百姓开始体会到什么是“民不聊生”“生灵涂炭”。而关于隋炀帝的恶行，前人留下了这样一句话：“磬南山之竹，书罪无穷；决东海之波，流恶难尽。”

然而，隋炀帝真的是一位罄竹难书其罪的大恶人吗？

杨广其人

隋文帝杨坚有五个儿子，长子杨勇，次子杨广。按照规制，皇帝都立长子为太子，隋文帝也不例外。从这儿，我们就能看出这样的一个现实——杨广若没有点真本事，英武如隋文帝，又怎么会废掉太子，改立次子呢？

史书上讲，杨广“美姿仪，少敏慧”。13 岁时，杨广就因聪慧过人而被封为晋王；20 岁时，杨广率军 51 万挥师南下，击溃了当时最后一个强国——

南陈。

要知道，南陈国力强盛，又有长江作为天堑，可谓易守难攻。当年，苻坚率百万雄兵都没能突破长江天堑，可见杨广在军事方面是有过人之处的。根据史书记载，杨广率领的军队对百姓秋毫无犯，且攻破南陈后，杨广对其国库资产亦无所去，所到之处，人人都称赞杨广是位贤王。

隋炀帝（569—618年）

选自《历代帝王图》卷，传为唐阎立本绘。隋朝的第二个皇帝。图中的杨广外貌虚浮、身躯萎靡，与史书记载“美姿仪，少敏慧”相呼应。杨广即帝位后，进行了开运河、巡张掖、征高丽等一系列活动，最终于公元611年引发民众乃至贵族大规模的叛变。

后来，杨广在江南花了十多年时间笼络人心，他不但打破了南方与北方的隔阂，也让当地的百姓归顺中央，忠于隋朝。如此种种，都让隋文帝杨坚非常高兴。但是，聪明如杨广怎会光讨父王欢心，而忽略母后的“枕边风”呢？在母后独孤皇后面前，杨广俨然一副“二十四孝好男儿”的做派，令人赞赏不已。

独孤皇后作风简朴，

且一生都在践行“一夫一妻制”。她最讨厌的事情，就是做儿子或臣子的宠爱妾室，并让小妾怀上孩子。太子杨勇耿直率性，娶了不少妾室。而且，他平日喜欢在自己的铠甲、马车、马鞍上点缀花纹，这些都让隋文帝和独孤皇后很不高兴。

可杨广却很擅长伪装自己，除了自己的正室萧妃外，杨广几乎不去妾室那里过夜。出门时，杨广的衣着打扮总是简单低调。他不像兄长那样喜欢吟风弄月，反而喜欢跟朝臣们交往讨教，平日不是去拜访大将韩擒虎讨教军国大计，就是去拜访军师张衡谈论民生国策。

而且，无论在朝堂还是市井，他都对群臣礼敬有加，一副“翩翩君子，温润如玉”的样子。时间一长，隋文帝和独孤皇后便动了“改立太子”的心思。

一日，隋文帝和独孤皇后去杨广家，杨广提前得到消息，将自己的美妾都藏了起来，只留下几个老妇人伺候。迎接父王母后时，杨广与萧妃穿着朴素，态度恭敬有礼，让隋文帝和独孤皇后赞赏不已。

从独孤皇后口中，杨广看出了他们已有立自己为太子的心思，于是他便趁热打铁，装出一副忍辱负重的样子，向独孤皇后哭诉杨勇妒忌贤能，想要除掉自己。在杨广的“不懈努力”与杨勇的“掉以轻心”下，终于在公元600年，杨坚废掉杨勇，改立杨广为太子。公元604年，杨坚病逝，杨广即位，是为隋炀帝。

所以，杨广能顺利取代兄长当上皇帝，一方面是因为他心机颇深，另一方面也是因为他有真才实学，文治武功都超过杨勇不少。否则，隋文帝和独孤皇后也不会如此看重这个次子了。

杨广功过

从历史角度看，杨广在位期间一共做了四件大事。

游幸江都

选自《帝鉴图说》的下篇《狂愚覆辙》。隋炀帝巡视扬州所乘的龙舟极为壮阔。所到之处，百姓必须手捧珍贵食物且夹道相迎，未被临幸的食物则必须扔掉，极度浪费。

◀剪彩为花

选自《帝鉴图说》的下篇《狂愚覆辙》。隋炀帝在位时在宫中营筑了一所别苑，这里的用度穷极华丽，冬天树叶掉了，便用彩色纸剪下树叶形状，挂在树上。夜夜笙歌，乐不思政。

《大运河图》卷（局部）

佚名，美国纽约大都会藏。隋文帝在位时修建的连接长江和黄河的大运河，这条运河在他的儿子隋炀帝在位时才竣工，这条运河为南北统一起到了一定的作用。

杨广做的第一件大事——开通大运河

公元584年，隋文帝杨坚派人开通了自隋都大兴[1]至黄河的广通渠[2]。但随着南北政治、经济和文化日益发展，广通渠已经不能满足社会需要。

隋炀帝即位的第一年，他便征发了百万士兵与夫役，前去修造沟通黄河和淮河的通济渠；同年，他改造沟通了淮河与长江的邗沟[3]；公元608年，他征发了河北的百万民工开凿沟通涿郡[4]永定河到黄河的永济渠；公元610年，他征发无数士兵和夫役，修造沟通长江到余杭[5]钱塘江的江南河。至此，

---

〔1〕大兴：今陕西省西安市。
〔2〕广通渠：后改名永通渠。
〔3〕邗沟：连接长江与淮河的古运河。
〔4〕涿郡：今北京市。
〔5〕余杭：今浙江省杭州市。

隋炀帝前后用了六年的时间，基本完成了开凿大运河的工程。

大运河从北方的涿郡到达南方的余杭，以余杭、洛阳、涿郡为三点，江南河、邗沟、通济渠、永济渠四段，将钱塘江、长江、淮河、黄河、海河五大水系连接起来，南北蜿蜒长达五千多里，是世界上最伟大的工程之一，也是中国南北交通的大动脉。

可以说，大运河促进了两岸城市的发展，也促进了江都、余杭、涿郡等城市的繁荣发展。当时，运河上“商船旅往返，船乘不绝”。大运河对隋唐时期南北经济、文化交流，维护全国统一和中央集权制的加强，都起了促进作用。

杨广做的第二件大事——修建东都洛阳

公元 605 年，隋炀帝派人修建东都洛阳。当时，每个月都有数百万人在工地辛勤劳动。在隋炀帝的“督促”下，繁华的东都洛阳终于建成了。新的洛阳城有外郭城、皇城和宫城。外郭城也就是大城，周围有七十里长；皇城在外郭城里面，是文武衙门办公的地方；宫城在最里面，周围有三十里。

有人说，隋炀帝修建东都洛阳纯粹就是为了供自己取乐。但其实，我们只要从当时的社会大背景考虑，就能发现隋炀帝修建洛阳城是有战略考虑的。

时年，首都大兴城[1]在西北面，往东的路不太畅通，这极大地影响了国家政令的畅达。而洛阳处在国家的中心地带，皇帝在此处可有效地治理江南，控制北方，巩固国家。

按其地理位置，隋炀帝将洛阳定为东都，大兴定为西都，实行了“双都制”。后来，唐朝也沿用了隋炀帝开创的“双都制”，此举减轻了百姓运送粮食的负担，也为后来的唐朝繁荣昌盛打下了坚实的基础。

杨广做的第三件大事——设置科考，开科取士

公元606年，隋炀帝创建了“进士科”，这标志着中国科举制度的正式建立。科举制度重才学品质而不重门第，削弱了门阀大族世袭的特权。这种“任人唯贤”的改革，为选拔下层优秀知识分子提供了极好的机会。

毫无疑问，这是一个非常高明的创举，而且对后世中国影响深远。不过，这种“重才学品质而不重门第”的举措也触动了门阀大族的利益，为日后门阀大族的反叛隋朝埋下了祸根。

杨广做的第四件大事——开疆拓土

公元609年，隋炀帝亲征吐谷浑，让大隋朝的版图增加了数千里。吐谷浑东起青海湖东岸，西至塔里木盆地，东西纵横四千里，南北纵横两千里。

---

〔1〕大兴城：即长安。

在吐谷浑谷地，隋炀帝设置了郡县，此举也让甘肃、青海、新疆等大西北地区成为中国领土不可分割的一部分。除向西北开拓疆土外，隋朝大军还向东南进行了一系列战争，使隋朝东南的疆域扩大到今天的台湾地区、海南岛和越南地区。

其实，上述这四件大事归根结底都是利国利民、功在千秋的好事，但隋炀帝最大的问题在于太急于求成，他想用最短的时间，将原本要数代人才能完成的工程做完，这就极大地超过了当时百姓的负担能力，甚至出现“丁男不供，妇人从役”的现象，激起了老百姓的强烈不满。就在老百姓的愤怒到达顶峰时，杨广决定北征高句（gōu）丽（lí），而这件事也成为压死骆驼的最后一根稻草。

公元613年，杨广二次远征高句丽时惨遭“后院起火”，杨玄感以“为民举义”为由起兵攻打洛阳；公元614年，杨广三次攻打高句丽，此时国内的情况更加糟糕，李渊、李密等人纷纷举兵反隋，杨广再也没有精力去争霸天下，他的野心毁掉了他自己。

令人感慨不已的是，秦始皇做过的事，隋炀帝多半也做了，但是他没有焚书坑儒；隋炀帝做过的事，唐太宗多半也做了，可秦始皇、唐太宗都有美誉，隋炀帝却落了个万世唾骂的恶名。历史就是这样，值得我们细细品味。

文治武功的唐太宗

隋炀帝的千古功过让人难以评说，但有一位与隋炀帝沾亲带故，且与隋炀帝极其相似的皇帝，却获得了与隋炀帝完全不同的历史评价。这位皇帝就是隋炀帝的外甥，唐朝的第二位皇帝，历史上杰出的政治家、战略家、军事家——唐太宗李世民。

杨广与李世民

有人说唐太宗是“隋炀帝第二”，为什么这么说呢？因为他与隋炀帝的行为有两点十分相像。

第一点，二人的“皇帝之位”均是来路不正。

唐太宗李世民的父亲李渊与隋炀帝是表兄弟，有这一层关系，隋炀帝格外厚待李渊，而李渊的官职也一路做到了“太原留守”。公元 617 年夏，隋炀帝被困在了江都，李渊的野心也越来越明显。在长子李建成，次子李世民的帮助下，李渊公开打出了“反隋”的旗号，并迅速起兵攻入长安。公元 618 年，隋炀帝死在江都，李渊立刻在长安称帝，并将国号改为“唐”。自此，唐王朝正式建立。

不过，此时天下远未太平，唐王朝面临的首要任务，就是逐一击败割据的群雄，统一全国。李渊是开国皇帝，自然不便御驾亲征，太子李建成也得

唐太宗立像（598—649年）

唐高祖李渊次子。与李渊一起起兵反隋，李渊称帝建唐后，被封为秦王，后来发动『玄武门之变』，被立为太子，最终继承了帝位。在位期间，推行了一系列改革，开创『贞观之治』——大唐盛世。

协助父皇处理朝政。消灭割据势力的重担，就落到了20岁的李世民肩上。

此后的三年里，李世民亲自参与了四大战役：

一、浅水原之战，一举击败薛仁杲，铲除了来自西方的威胁；

二、击败割据北方的刘武周，收复了北方失地；

三、虎牢关之战，一举歼灭王世充和窦建德两大集团，取得整个东方的统治权；

四、重创窦建德余部刘黑闼，天下就此平定。

在四大战役中，年轻的李世民显示出惊人的胆略和指挥才华，取得了显赫的威望。太子李建成由此感觉到了威胁，他开始联合四弟李元吉，极力排挤李世民。而李世民则认为自己劳苦功高，遂与李建成、李元吉猜忌日深，两派大臣之间互相倾轧。

就这样，李渊的优柔寡断，加速了皇子们的兵戎相见。

公元626年7月2日，爆发了著名的“玄武门之变”。秦王李世民，率长孙无忌、尉迟恭等人入朝，并在长安城的北门“玄武门”埋下伏兵，截杀李建成、李元吉。到玄武门后，建成、元吉二人察觉到变化，急忙掉转马头。这时，李世民跟在后面呼唤他们，李元吉心虚，先张弓搭箭射向李世民，可连射三次都没有射中。

见李元吉此状，李世民也顾不上兄弟阋墙反目，他立即搭弓将李建成射死，尉迟恭带领的骑兵七十人又放箭射死了李元吉。就这样，李世民成了李渊唯一一个活着的儿子。

两个月后，李渊宣布“禅位”，28岁的李世民登上了皇帝的宝座。

第二点，二人都得不偿失地北征过高句丽。

公元642年，高句丽东部大人泉盖苏文发动政变，将高句丽王高建武及其手下大臣杀了个干干净净。之后，高句丽与百济结成同盟，全力进攻与唐朝结盟的新罗，新罗遣使入唐求救。唐太宗遣使前往高句丽，令其停止进攻新罗，结果被泉盖苏文一口回绝，这让李世民恼羞成怒。公元644年夏，李世民正式决定御驾亲征高句丽，名义就是“铲除逆臣”。

一开始，唐朝军队的进展很顺利。然而，在进攻供安市[1]时，他们却遇到了顽强的抵抗。唐军历经三个月久攻不下，拖到天气寒冷，粮草短缺，他们只能班师回朝了。之后的几年，唐太宗仍然时不时派军队前去讨伐高句丽，但都没什么结果。

高句丽

公元前一世纪到公元七世纪存在于今中国东北地区和朝鲜半岛上的一个政权，在公元六世纪时达到鼎盛，并与隋唐展开交战。公元668年为唐所灭，其贵族及大部分富户和数十万百姓迁入中原各地，小部分融入突厥及新罗。公元十世纪出现的高丽政权，与之并无继承关系。

李世民其人

读完这两点，我们就能看出隋炀帝做过的事，唐太宗多半也做了，而且他做得更决绝狠毒。可结果呢？隋炀帝背上了千古骂名，唐太宗却成了千古明君，为何？

首先，唐太宗能真正做到选贤任能，虚怀纳谏。

读过史书的人都知道，唐太宗十分注重人才选拔，曾先后五次颁布求贤诏令，并增加科举考试的科目，扩大应试的范围和人数，以使更多的人才显露出来。由于唐太宗重视人才，涌现出了魏徵、房玄龄、杜如晦等一大批治国良才。

与此同时，唐太宗时刻以隋炀帝亡国为诫，所以扩大谏官的权力。其中，魏徵廷谏了200多次，在朝堂上直陈皇帝的过失，早朝时多次发生使李世民尴尬、

[1] 供安市：今辽宁省大石桥市境内。

上书粘壁

选自《帝鉴图说》的上篇《圣哲芳规》。唐太宗抄下奏折中的可取之处，贴在墙壁上，以便经常看到，来提醒自己治国之道。

纳箴赐帛

选自《帝鉴图说》的上篇《圣哲芳规》。唐太宗得到了一份言之有理的谏书，于是便赐予上谏之人锦帛，还升了官。

敬贤怀鹞

选自《帝鉴图说》的上篇《圣哲芳规》。唐太宗在玩鹞子时，遇到了大臣魏徵来上谏奏事。出于尊重，唐太宗将鹞子置于怀中，以致鹞子闷死在衣服内。

撤殿营居

选自《帝鉴图说》的上篇《圣哲芳规》。唐太宗关爱大臣，将自己建造宫殿用的建材赠给臣子魏徵建造房子。

下不了台的状况。更难得的是，魏徵原来是太子李建成的重要谋士。

“玄武门之变”后，李世民询问被俘的魏徵，为什么要与自己作对。可魏徵神色自若地说：如果太子早听我的劝谏，就不会有今天之死。李世民很欣赏魏徵的正直，所以不但没怪罪他，反而还对他委以重任。事实证明，魏徵也没有辜负李世民的信任，一直竭诚辅佐他。

唐太宗喜欢玩鹞子，他经常让鹞子在手臂上跳来跳去，并以此为乐。一日，他玩得正高兴，魏徵进来了。太宗怕魏徵唠叨他，便将鹞子藏在怀中。魏徵早就看到了，所以他禀报公事时故意说个不停，唐太宗不敢拿出鹞子，一直忍到魏徵离开，鹞子就这样被生生地闷死了。

李世民越想越生气，回宫后，他便跟长孙皇后抱怨：魏徵这个乡巴佬，我早晚要了他的命！长孙皇后知道魏徵的为人，于是换上一身盛装翩翩下拜。

唐太宗很是疑惑。长孙皇后说道：“我听说上行下效，君主英明，臣子也英明，而现在魏徵如此正直，正说明陛下的正直影响了他，我如何不向您祝贺呢？”唐太宗听了这话很高兴，日后更开明大度，爱民利民，继而开创了“贞观之治”。

其次，唐太宗懂得休养生息，扶持商业。

隋末唐初天下大乱，田园荒芜，百姓流离；唐太宗招抚流民回乡，授田给予耕作，以安定民生。开仓赈济灾民，又准百姓就食他州；且拿出御府锦帛，为灾民赎回卖出子女，使灾民得以度过荒年。下令奖励垦荒，“去奢省费，轻徭薄赋”，促进了经济的发展。

唐太宗还为商业发展提供了许多便利条件，这促使新兴的商业城市如雨后春笋般地兴起。当时世界出名的商业城市，有一半以上集中在中国。除了沿海的广州、明州、福州外，还有内陆的扬州、益州[1]和西北的沙州[2]、凉州[3]。

〔1〕益州：今成都。
〔2〕沙洲：今甘肃敦煌。
〔3〕凉州：今甘肃武威。

在李世民的治理下，夜不闭户，路不拾遗。公元630年，全国判处死刑的囚犯只有29人。公元632年，死刑犯增至290人。这一年的岁末，李世民还特别恩准囚犯们回家办理后事，第二年秋天[1]再回来行刑。公元633年秋，290个囚犯全部回还，无一逃亡。

那时的中国政治修明，官吏各司其职，人民安居乐业，不公平的现象较少，百姓心中没有多少怨气。丰衣足食的人不会为生存铤而走险；心气平和的人也不易走极端，因此犯罪的概率也就少之又少。

最后，唐太宗开疆拓土，让丝绸之路再次畅通。

在国家安全方面，唐太宗李世民派出李靖等大将率重兵大破东突厥军，俘获了颉利可汗。北部边境安定后，又相继派兵收复了吐谷浑、高昌、焉耆、龟兹等地，重新恢复了对西域地区的统治，加强了中原地区与西域和中亚地区的经济文化交流。

对于依附的各族，不改变其生活方式和社会制度，尊重其习俗，任命各族首领以统辖本部。还通过"和亲"进一步发展民族关系，在唐朝的"和亲"队伍中，最重要的当属文成公主。

隋朝时，青藏高原上建立了一些分散的政权，其中吐蕃政权实力最强。公元629年，松赞干布继位为赞普，统一了青藏高原，建立起吐蕃王朝，定都逻些[2]。为了加强和唐朝的关系，学习中原地区的先进文化，松赞干布于公元634年向唐朝遣使纳贡，请求通婚。公元641年，唐太宗将宗室女文成公主远嫁吐蕃，成为吐蕃赞普松赞干布的王后。文成公主与吐蕃松赞干布和亲，开创了唐蕃交好的新时代。

开明友善的民族关系政策和制度在唐代长期实施，大大减少了汉族和少数民族间的隔阂，增强了各民族间的广泛互补和血肉融合，实现了多民族共同发展进步的宏大局面。正是在唐代，中华民族新的代称——"唐人"形成，奠定了中华民族的基础。

〔1〕古时秋天行刑。
〔2〕逻些：今西藏拉萨。

《步辇图》卷

唐，阎立本。这是一幅色泽浓厚艳丽的工笔人物画作，描绘的是唐太宗李世民接见吐蕃使臣禄东赞的情景，反映的是唐朝的一个重大的历史事件，是当时歌颂汉藏民族友好交往的作品。松赞干布派使臣来迎接文成公主入吐蕃，使唐朝和吐蕃之间在很长一段时间里和睦相处。

这一时期，唐帝国的疆域空前辽阔，唐太宗在西域设立了四个军事重镇[1]，为东西方来往的商旅提供了安定的社会秩序和有效的安全保障，丝绸之路上的商旅不绝于途，品种繁多的大宗货物在东西方世界往来传递，使丝绸之路成了整个世界的黄金走廊。

对后世的中国人来说，唐太宗代表了一个文治武功理想地结合起来的盛世。唐太宗之所以被人推崇，不仅在于他的成就，而且在于他接近儒家的纳谏爱民为治国之本这一理想，以及君臣之间水乳交融的关系。

同样的故事情节，不一样的故事结果。这就是唐太宗与隋炀帝的不同之处。

松赞干布（617—650年）

松赞干布，强大的吐蕃王朝的建立者。座前四人，着红衣衫的是唐朝文成公主，着蓝衣衫的是尼泊尔尺尊公主，文成公主前方站立的青年为吐蕃大臣吞米桑布扎，尺尊公主前方拄杖者是吐蕃大相禄东赞。正前方小像为女护法神十二丹玛女神。

〔1〕即安西四镇。

一代女皇武则天

提到唐朝皇帝，每个人脑中都会浮现一位女性，那便是“武则天”。准确来说，武则天并不是唐朝皇帝，而是周朝女皇。可她与唐朝皇帝间有着千丝万缕的关系，还是让后人将她归到了唐朝皇帝中。

说起武则天，她确实担得起“历史传奇女性”的桂冠。因为她不但当上了皇帝，而且当得还挺好。有一句话叫“政启开元，治隆贞观”，开元是她的孙子唐玄宗李隆基的年号；贞观是她曾经的丈夫唐太宗李世民的年号。这个评价，就是称赞她发展了唐太宗的“贞观之治”，又为唐玄宗的“开元盛世”奠定了基础。

少女媚娘

武则天出生于公元624年，13岁时，她便是远近闻名的美人了。公元637年，唐太宗闻其貌美，便召她入宫。进宫后，她被封为五品才人，赐号“武媚”，习称“媚娘”。不久后，她又被调入御书房侍候文墨。

在御书房侍候文墨，她便能直接接触到皇家公文，也能知晓宫廷大事，这开阔了她的眼界，也助长了她的野心。最重要的是，她在御书房认识了唐太宗的儿子——太子李治。

公元649年，唐太宗病逝，武则天与所有嫔妃一道，被送往长安感业寺

武曌（624—705年）

选自《无双谱》。通称武则天或武后，武则天是中国历史上唯一获普遍承认的女皇帝，前后掌权40多年。她建立的王朝，史称武周。武周仍然袭用唐制，武则天既是两个唐朝皇帝的生母，死前又恢复唐朝，故此历史上一般不把武周视为单独的朝代，惯例上把武周计入唐朝帝系，武周时期计入唐朝统治年数。光宅元年（684年）二月，武后废唐中宗另立唐睿宗，自己临朝称制，改名曌。

削发为尼。唐高宗李治对武则天念念不忘，故而常常往来于大内与感业寺之间。最后，为了制衡王皇后与淑妃，李治重诏武则天入宫，并封她为二品昭仪。随着与武则天感情日益浓厚，李治动了“废除王皇后，改立武则天为后”的念头。

李治的念头立刻引起了轩然大波。唐高宗的亲舅舅长孙无忌，率领大批高官大臣介入了这场“后宫纷争”，并搬出了妲己、褒姒等女祸倾覆殷周的亡国故事为鉴戒。但时任宰相的寒门士子李勣却对皇帝说：“此陛下家事，何必更问外人！”于是，唐高宗拿定了主意立武则天为后，后宫正式易主。

之后的四年，王皇后惨死于冷宫之中，长孙无忌被逼自缢，褚遂良贬死越南清化，所有反对武后的人都或死或贬，武则天也由幕后走上前台，从参政步入执政。

武后的野心越来越明显，唐高宗开始发觉“大权旁落”，于是便给中书

昭仪

我国古代后宫嫔御的一种，始置于西汉元帝时期，时为最高位妃嫔称号（仅次于皇后）；唐朝时昭仪的地位降至四妃（贵、淑、德、贤四妃）之下，位列九嫔（昭仪、昭容、昭媛、修仪、修容、修媛、充仪、充容、充媛为九嫔）之首；自明朝起，后宫便不再设置昭仪。

侍郎上官仪授予一道“废后”的密令。然而，武后早发觉了唐高宗与上官仪密谋的事情。她决定先下手为强，以迅雷不及掩耳之势，先后诛杀了上官仪、上官庭芝父子，又将上官庭芝的妻女没入宫掖为婢。值得一提的是，上官庭芝的女儿，便是唐朝有名的才女上官婉儿。

经此一事，武后吸取了教训，也开始妥善处理自己与皇帝的关系。其实，武后处理政务弛张有法，断决国事板眼有章，甚为群臣敬服。所以，有很多国家大事，唐高宗都必须倚重武后行事。

公元674年，唐高宗颁诏天下，自号“天皇”，尊武氏“天后”。此后，唐高宗形同虚设，唐朝权柄尽在天后掌控之中。

为了实现自己的野心，武则天身上的狠辣性格暴露无遗。她亲手鸩死了自己的长子李弘，废次子李贤为庶人，又在唐高宗驾崩后废掉唐中宗李显，立了傀儡皇帝李旦为唐睿宗。此时，唐朝尽归武则天所有，但她却没有急于登基称帝。

很多人表示不理解，此时的武则天已经没有了称帝的对手，她为何不早早登基，让自己“名正言顺”呢？因为武则天认为，自己虽然“万事俱备”，但依旧欠了一缕“东风”，这“东风”便是民心与舆论。毕竟女人当皇帝是古往今来头一遭，她必须得让全天下人都接受这个现实。

根据史书记载，时年有一部名曰《大云经》的佛教经书，这部书出自十六国时期，里面有“净光天女”不但是位女菩萨，而且成为女国王的记载。公元689

唐彩绘侍女木俑

观灯市里

选自《帝鉴图说》的下篇《狂愚覆辙》。唐中宗不喜朝政，却爱玩乐，在元宵节夜里带皇后私自出宫，到街市看花灯。

年，名僧法明等献上《大云经》，他引用经书，说“即以女身当王国土”即应在当今的武则天身上。与此同时，怀义等人还献上一部《大云经疏》。

有佛法为经典，老百姓逐渐相信武则天是神权的化身。终于，武则天在山呼万岁声中，于公元690年登基称帝，并改国号为“周”。这年，她已是67岁高龄。

一代女皇

俗话说：“成功易，守功难。”为了守好“武周江山”，称帝后的武则天极为重视人才的选拔与使用。凡能“安邦国”“定边疆”的人才，武则天不问门第，也不拘资格，一律量才而用。为了广揽人才，她还发展和完善了隋以来的科举制度，放手招贤，允许自举为官、试官，并设立员外馆，储备有才之人。

武则天还首创了殿试和武举制度，为了更多、更广地发现人才、网罗人才创造条件。比如，中唐名将郭子仪，就是“自武举异等出”。在她为帝的年代里，始终有一批“文似仁杰”“武类休武”的能臣干将为其尽忠效命，有力地维护着武周政权。

在男尊女卑的时代，武则天当皇帝，必然会面对强大的政治压力和敌对势力。为了保住她的地位和统治，她任用周兴、来俊臣等酷吏，实施严刑峻法，还大开告密之门检举告发反对者。这其中，被酷吏周兴陷害冤死的人多达数千人。

后来，有人密告周兴参与谋反，武则天就命来俊臣审理。来俊臣设计圈套让周兴说出“将人放入瓮中，用炭火烧烤的酷刑”，来俊臣立马说“好办法，皇上命我审问于你，如果你不老实回答，我只得请君入瓮了”，周兴吓得立刻交代了自己的罪过。然而，来俊臣的结局也没好到哪儿去，被武则天“下诏弃市”。

对于农业生产，武则天也颇为重视。她规定，能使“田畴垦辟，家有余粮”的地方官升任；“为政苛滥，户口流移”的“轻者贬官，甚至非时解替”。就这样，在武周一朝的年代里，农业和手工业都得到长足的发展，人口也迅速增加。

据史料统计，高宗即位之初，全国总户数为380万户，到武则天临终之前，渐增至615万户，几乎增长一倍。仅此一例，即可看出这一时期农业经济的发展，百姓安居乐业的情况。

在抗击外来入侵、保护边境安宁、友善相邻诸国等方面，武则天则继承和发展了唐太宗的民族怀柔政策和“降则抚之，叛则讨之”的策略。尤其对吐蕃、契丹、突厥等周边部族的侵扰、背叛，采取坚决抵抗、讨伐的态度，取得了巨大成功，维护了版图的完整和边陲之安宁。

武则天为了称帝，不断打击李唐皇族、关陇贵族，且重用武家子弟、进士词臣，不过，武则天也面对一个巨大的难题——她究竟该把皇位传给自己的夫家李家，还是自己的娘家武家？如果传位给自己的儿子，那以后的江山仍然姓李；如果按照“皇权不旁落异姓”的原则，武则天就应该把皇位传给侄子，而不是亲儿子。

一筹莫展之际，武则天想到了一个人，这个人便是狄仁杰。听完武后的疑问，狄仁杰说道：“姑侄与母子，哪个比较亲近？陛下立儿子，那么千秋万岁后，会在太庙中作为祖先祭拜；立侄子，那么从未听说侄子当了天子，把姑姑供奉在太庙。”

说完后，狄仁杰又劝武则天召回李显，立李显为太子。狄仁杰的一番游说劝服了武则天，经过多方权衡之后，武则天最终决定立李显为皇太子。

其实，不管用发展的眼光来观察，还是用历史的功过来衡量，武则天都是一位杰出的政治家。她割除时弊，发展生产；完善科举制度，破除门阀观念；重才惜才，不拘一格任用贤才；维护国家统一，积极平叛，反对分裂；顺应历史潮流，大刀阔斧实施改革。可是，这位传奇的女皇却为自己立了一座无字碑，请后人评说自己的功过。而这，也为这位女皇增添了更多魅力与神秘。

武则天无字石碑

武周皇帝武则天所立“无字碑”亦称“丰碑”，在唐乾陵东侧，由一整块石头雕成，通高7.53米、宽2.1米、厚1.49米，重达98.8吨。关于武则天立无字碑的原因，历来说法不一。

斜封除官

选自《帝鉴图说》的下篇《狂愚覆辙》。武则天传位于李显，唐中宗李显在位时期，不理朝政，而是将国事交给后宫女子处理，因此妃嫔多干政，还做起买卖官职的勾当。

“两面派”唐明皇

提到大唐盛世，很多人第一反应都是“开元盛世”。而开创了“开元盛世”的皇帝，就是武则天的孙子——唐玄宗李隆基。

刚开始，李隆基勤于政事，励精图治，大唐一派繁荣富强的景象。后来，李隆基开始怠慢朝政、宠信奸臣，最终导致了长达八年的安史之乱，而唐朝也由此转向衰落。

开元盛世

当年，武则天在狄仁杰的建议下召回李显，并立其为唐中宗。随着李显即位，大唐的政局也逐渐回归了正轨。不过，这看似平静的表象下面，其实潜藏着巨大危机。

原来，李显被废为庶人时，他的妻子韦氏一直不离不弃。于是，二人约定“一朝见天日，不相制”。等到李显再次称帝后，韦后却企图效法武则天，也想过一把女皇帝的瘾。很快，韦后便和女儿一道，毒死了唐中宗李显。此时，李唐江山再次陷入风雨飘摇之中。

此时，唐中宗李显的弟弟李旦、妹妹太平公主决定诛杀韦后一党，李旦的第三子李隆基也与姑姑太平公主结为同盟，他提兵入宫，诛杀了韦氏一党，又辅佐其父李旦当上了皇帝，自己则成为众望所归的接班人。后来，李隆基不满姑姑太平公主干预政事，他发动了兵变，一举将太平公主及其党羽赐死。就这样，李隆基顺利登基，是为唐玄宗。

李隆基虽然巩固了皇权，但当时的形势不容乐观——数次兵变已经大大地伤了朝廷元气，而且吏治的混乱、腐败也亟待治理。好在李隆基眼光极佳，擅长量才任官。他提拔了姚崇、宋璟等贤能的人做宰相。其中，姚崇向李隆基提出了包括勿贪边功、广开言路、奖励正直大臣、勿使皇族专权、勿使宦官专权等内容的“十事要说”，李隆基一一应允。

国家渐入正轨后，李隆基决定以法治国。这时，喜欢打击政敌、招权纳贿、搞小集团的姚崇便下台了。李隆基又看中了为人耿直、讲原则的宋璟。为政期间，宋璟直言上谏、不数私恩、严于律己。并且，他严格实行了姚崇的“十事要说”，绝不徇私枉法。

选贤任能后，李隆基还对吏治进行了整治。为了提高官僚机构的办事效率，李隆基采取了很多有效措施：

第一，精简机构，裁减多余官员，不但提高了效率，也节省了政府支出。

第二，确立严格的考核制度，加强对地方官吏的管理。在每年的十月，派按察使到各地巡查民情，纠举违法官吏，严惩不贷。

第三，恢复谏官和史官参加宰相会议的制度。

第四，重视县令的任免。李隆基认为县

唐明皇

李隆基的庙号是唐玄宗，谥号为至道大圣大明孝皇帝。清朝时期因为避讳清朝康熙帝之名玄烨，又因其谥号里有个“明”字，故而，多称唐玄宗为唐明皇。

《明皇训子图》

宋徽宗绘，横 308 厘米，纵 147.5 厘米。

《明皇击球图》

宋，李公麟绘。纵 32.1 厘米，横 230.5 厘米。大唐盛世，唐玄宗与众人乘马击球。马球是唐宋年间，比较盛行的一项体育运动。整幅画作构图完整，画面具有动感，作者将唐明皇画于画面的正中，表现了他的身份和地位。

令是国家治理的最前沿，和百姓直接打交道，代表了国家形象。所以，李隆基经常对县官亲自出题考核他们，以便确定这些县官是不是真正称职。如果考试优秀，可以马上得到提拔，如果名不副实，也会马上遭到罢黜。

李隆基知人善任，赏罚分明，办事干练果断，这是他能开创“开元盛世”的主要原因。

即位初年，李隆基每以苍生为念，常因兴衰自警，朝乾夕惕，战战兢兢，可以说是爱百姓、明治道的楷模。李隆基有一次“临镜默然不乐”，左右都说“陛下殊瘦于旧”，李隆基回答“吾貌虽瘦，天下必肥”。皇帝瘦是具体而鲜活的感受；天下肥是无形而抽象的效果。以皇帝之瘦成就天下之肥，需要皇帝克服一己私欲去追求万众喜乐。

天宝悲歌

李隆基的后半生，完全走到了前半生的反面。

为大唐开创了“开元盛世”后，李隆基逐渐沉溺于享乐之中。他不仅没有了之前励精图治的劲头，也没有了改革时的节俭精神了。

这一时期，正直的宰相张九龄等人先后被罢黜，而口蜜腹剑的李林甫逐渐爬上了相位。李林甫最善于揣测李隆基的心思，比如公元 736 年，李隆基想从洛阳回长安，但宰相张九龄等人说秋收还没有结束，这样上路会骚扰百姓，影响收成。张九龄走后，李林甫却对李隆基说道：长安和洛阳就是陛下的东宫和西宫，陛下愿意什么时候来往就什么时候来往，不必再等以后，至于妨碍了农民秋收，免了他们的税收也就行了。如此种种，不胜枚举。

公元 738 年，李隆基所宠的武惠妃死后，李隆基日夜寝食不安，后宫美人虽多，但没有一个能使他满意的。后来，李隆基听人说起，寿王李瑁的妃子杨玉环美貌绝伦，艳丽无双，于是他便不顾礼节，将杨玉环召进宫里。杨玉环懂音律，也很聪明，还擅长歌舞，深得玄宗的欢心。公元 745 年，李隆基便册封杨玉环为贵妃。

为了讨贵妃的欢心，李隆基可谓是费尽心机。为了迎合她喜好盛装的心理，他专门给杨贵妃配了七百多人专门制衣；为了让杨贵妃吃上喜欢的荔枝，李隆基下令开辟了从岭南到京城长安的几千里贡道，以便荔枝能及时地用快马送到长安。

自从有了杨贵妃，李隆基的奢靡之风便越来越盛。为了巴结皇帝，大臣、贵族、宗室甚至番邦使臣都抢着对杨贵妃示好。在杨贵妃的“庇佑”下，其族兄杨国忠得以平步青云，做上了唐朝宰相；大姐被封为韩国夫人，三姐被封为虢国夫人，八姐被封为秦国夫人，其他的兄长也都有所封赏，在朝中做起了高官。杨氏兄妹的权势无人能比，不过，这也为兄妹二人日后的悲惨结

《贵妃上马图》

元，钱选。画中描绘的是唐玄宗与贵妃杨玉环骑马的场面。图中共画十四人，玄宗骑马望向杨贵妃，这时的贵妃正在侍女的协助下登上马背。

局埋下了伏笔。

君王本该让爱情与政治泾渭分明，但李隆基却任由爱情的火焰烧毁政治的框架。“春宵苦短日高起，从此君王不早朝”。他对爱情的痴狂，换来了朝纲的紊乱，法度的不存，人心的丧失，最可悲的是，李隆基对这一切却浑然不知。

在杨国忠的一手遮天之下，整个唐朝开始混乱起来。李隆基对于唐朝的危机丝毫没有察觉，反而向外发动了一系列的战争。政治腐败与黑暗，影响了将领贪功求官的欲望。为了挑起战争，并在战争中立功受赏，加官晋爵，边镇的很多将领肆意挑衅，使得边境战乱不断，李隆基的好战对此又是火上浇油。

西边和吐蕃的关系恶化，开战后互有伤亡，损害了历来的和睦友好关系；很快，西南的南诏国也因唐朝的边境将领骄横跋扈，致使本该平息的冲突日益升级，结果唐朝征兵和南诏开战，先后战死、病死的唐兵达二十万之多。

公元 755 年底，范阳、平卢、河东三镇节度使安禄山从范阳起兵，打着奉旨讨伐杨国忠的旗号，起兵反叛唐朝。当时，安禄山的军队有 15 万人，而唐朝的军队则有五六十万人，可就在这种实力悬殊的情况下，安禄山军队却一路南下，势如破竹，打得唐朝军队节节败退。

仅仅一个月，安禄山军队就攻破了大唐王朝第二大城市，东都洛阳。第二年年初，大唐王朝都城长安的最后一道屏障又被叛军攻破。面对咄咄逼人的叛军，唐玄宗李隆基被迫带着杨贵妃、杨国忠，以及部分皇族重臣，狼狈逃往四川。最后，他不得不用心爱的贵妃的生命，来作为让将士们反击叛军的筹码。

李隆基安逸日子过得太久，已经忘记危险是什么滋味。他的前半生励精图治，出现了封建社会前所未有的盛世景象；但他的后半生，却沉湎酒色、荒淫无度、滥用奸臣、政治腐败，终于导致了安史之乱的爆发，也让唐朝的命运由此转衰。

《仿明皇幸蜀图》轴

明，仇英。画的是安史之乱时，唐玄宗放弃都城长安，逃往蜀地避难，行军途中的场景。

大诗人白居易

提到唐朝诗人，任谁都能如数家珍地说上一串名字，李白、杜甫、白居易……是的，唐朝的诗人就如同天上的繁星，不仅点亮了唐朝，还光耀了后世千年。在唐朝众多诗人中，论学问，论才情，论境遇，现实主义诗人白居易无疑是一颗璀璨耀眼的明星。

很多人熟悉白居易，都是因为他那首脍炙人口的《赋得古原草送别》。“离离原上草，一岁一枯荣。野火烧不尽，春风吹又生。远芳侵古道，晴翠接荒城。又送王孙去，萋萋满别情。”

这首诗乐观坚强却又带着一丝落寞，恰好对应了白居易这一生。

少年得意

白居易，字乐天，祖籍山西，生于河南。白居易的父亲是个小官，白家的家境不错。不过，白父因为官职需要不断搬迁，白居易也只能跟随父亲，从新郑，到彭城，从徐州，到宿州。好在少年白居易聪明过人，又极为刻苦，一家人也就忽略了旅途的艰辛。

少年时期，白居易白天作赋，晚上练字，中间学习写诗，就当成中场休息，读得“口生疮，手出茧”方才作罢。公元 787 年，15 岁的白居易进京赶考，他按照嘱咐，先拿着自己的诗作和名帖，前来拜会当时的名士——顾况。

白居易（772—846年）

选自《古今君臣图鉴》。唐德宗贞元十六年（800年）进士。唐宪宗元和元年（806年）才识兼茂明于体用科及第。才识兼茂明于体用科属科举中制科，制科需要皇帝下诏才举行。元和二年（807年），任进士考官。白居易作品平易近人，乃至于有「老妪能解」的说法。早年与元稹齐名，称「元白」；晚年与刘禹锡齐名，称「刘白」。有「诗魔」和「诗王」之称。

顾况看到封面上白居易的名字，再看看白居易那稚嫩的脸庞，不由得笑着调侃道："居易，居易。长安米贵，居之不易啊。"随即，顾况翻开首页，一眼便看到了这首《赋得古原草送别》。顾况被白居易的文采折服，立刻赞道："你能写出如此好的诗作，看来能在长安居住下去了。"

白居易有天赋，又努力，再加上有名师的指导，他的学业自然是突飞猛进。古语有云："三十老明经[1]，五十少进士。"意思是明经好考，三十岁考中明经都是很晚的了，可进士难考，五十岁考中进士就算不错了。况且，唐朝进士极难考上，每次录取不超过30人。而白居易，在二十七岁时便考中了进士，成为当年进士科里最为年轻的一人。

年纪轻轻便考中进士，白居易心中也颇为自得。要知道，与白居易同

〔1〕明经：汉朝出现的一种用来选举官员的科目。

期的唐朝诗人孟郊，45 岁时才考中进士。而且，孟郊得中后还欣喜若狂地写下了一首《登科后》，其中两句便是“春风得意马蹄疾，一日看尽长安花”。

考中进士后，白居易也欣然前往大雁塔题名留诗，写下“慈恩塔下题名处，十七人中最少年”的句子。少年得意，文采飞扬，不外如是。

高中之后，满腔报国抱负的白居易自然是要做官的。做官期间，白居易清正廉洁，对自己要求十分严格，哪怕是一点小过错也勇于认错检讨。而白居易的诗，也揭露了宦官仗势欺压百姓的罪恶，讽刺了官僚穷奢极欲的豪华生活，反映了劳动人民的痛苦遭遇。

在《卖炭翁》中，白居易形象地刻画了一个“满面尘灰烟火色。两鬓苍苍十指黑”的老人，穿着单衣，饿着肚子，冒着寒风，在长安街上卖炭，受宦官“宫市”使者低价强买的遭遇。在《红线毯》一诗中，白居易公开责骂那些贪官污吏：“宣城太守知不知，一丈毯，千两丝。地不知寒人要暖，少夺人衣作地衣。”

不过，正因为白居易的诗反映现实，触犯了掌权的宦官和大官僚的权益，也招来了他们的咒骂和忌恨。

诗坛领袖

公元 806 年，白居易出任盩厔[1]县尉。某日，友人陈鸿、王质夫相约，三人一起到仙游寺游览。恰逢马嵬驿事件 50 年，众人谈及唐明皇与杨贵妃的往事。王质夫认为，像这样突出的事情，如无大手笔加工润色，就会随着时间的推移而消没。他鼓励白居易“试为歌之”，于是，白居易写下了一首长诗，因为长诗的最后两句是“天长地久有时尽，此恨绵绵无绝期”，所以

〔1〕盩厔：县名，在今陕西省。

他们就称这首诗为《长恨歌》。

“杨家有女初长成，养在深闺人未识……回眸一笑百媚生，六宫粉黛无颜色……春宵苦短日高起，从此君王不早朝……在天愿作比翼鸟，在地愿为连理枝。天长地久有时尽，此恨绵绵无绝期。”在这首长篇叙事诗里，白居易以精练的语言，优美的形象，叙事和抒情结合的手法，叙述了唐玄宗、杨贵妃在安史之乱中的爱情悲剧。

李、杨爱情是被自己酿成的叛乱断送的。所以，在诗篇的一开头，白居易对男女主人公是有所谴责的，但发展下去，白居易却用自己的感情、想象丰富了这个故事，一定程度上脱离了历史原貌，成为一篇以咏叹李、杨爱情为主，充满感伤情调的“风情”诗了。

至此，“李杜白”三人成了唐朝最出名的诗人，且三人各有所专。

李白，浪漫气质，秀个人绚丽才艺；
杜甫，现实主义，记时代家国担当；
乐天，情感路线，叙爱情自由情怀。

在唐朝的众多诗人中，诗写得好的人不多，诗写得又长又好的则更少。唐诗多为20字或28字，《长恨歌》全诗却足足有840字之多。就连有“诗仙”之称的李白，其传世名篇中长诗也可谓是寥寥可数：《梦游天姥吟留别》286字，《蜀道难》294字。可见长诗难写，好的长诗更难写。

所以，登顶诗坛的白居易要感谢其好友王质夫。

县尉

是唐朝时期官名，也是唐朝县级政府中的重要官员。在《唐六典·三府都护州县官吏》中有县尉职责的相关记载——“亲理庶务，分判众曹，割断追催，收率课调”。县尉与县丞同为县令佐官，掌治安捕盗之事。

如果说，《长恨歌》的问世白居易是主演，那么王质夫则是隐藏在幕后的导演。

公元808年，白居易被调到翰林院，成为皇帝的私人秘书，专门给皇帝写公文。白居易天真地认为，是皇帝赏识他的才学。为了报答知遇之恩，白居易开始频繁上疏言事，写了大量反映现实的诗歌。在白居易心中，既要爱之深，又要责之切，只有把问题放大，才有希望得到重视和解决。可皇帝并不这么看，他更愿意把问题缩小，这样才能显出天下太平。这类诗歌，白居易是拳拳之心，可这拳拳之心在唐宪宗眼中便是支支标枪。

敢言，是要付出代价的。唐宪宗开始对白居易不满了。

公元815年，宰相武元衡上班途中，被刺客刺杀身亡。白居易很愤怒，堂堂宰相，居然被当街暗杀，朝廷却无能为力。白居易上疏，主张严缉凶手，但却被唐宪宗认定是越职言事。之后，唐宪宗随便找了个借口，贬白居易为江州司马。

公元816年，深秋，浔阳江头，白居易坐于江船上，心中满是忧愁。这时，水上远远传来动听的琵琶声，白居易命人邀其前来，来人是一位京城舞伎。舞伎说道，自己年少成名，献花少年络绎不绝，可如今年老色衰，门前冷落，只能下嫁商人。舞伎的话让白居易想起少年之事，顿时生出无限感慨。白居易泪流满面，自己与舞伎同病相怜，堪称知己。于是，他挥毫而成千古之作《琵琶行》。

“千呼万唤始出来，犹抱琵琶半遮面……大弦嘈嘈如急雨，小弦切切如私语。嘈嘈切切错杂弹，大珠小珠落玉盘……别有幽愁暗恨生，此时无声胜有声……同是天涯沦落人，相逢何必曾相识。”《琵琶行》通过对琵琶女高超

浔阳琵琶

选自明代仇英《人物故事图册》。纵41.1厘米，横33.8厘米。北京故宫博物院藏。画中主角便是唐代白居易，送别友人，并作诗《琵琶行》。

的弹奏技艺，以及她不幸经历的描述，揭露了那个时代官僚腐败、民生凋敝、人才埋没等不合理现象，表达了白居易对她的深切同情，也抒发了他对自己无辜被贬的愤懑之情。

《琵琶行》《长恨歌》，这两首长诗让白居易成为当之无愧的诗坛领袖。

贬谪江州可谓是白居易一生的转折点。至此之前，他以“兼济”为志，希望能做对国家、人民有益的贡献；至此之后，白居易变得宽容了，他开始与世事和解，不再较真。正因如此，白居易声名越来越显赫，其仕途也迅速转入快车道。

白居易的诗歌能充分反映民间疾苦，且辞藻朴实优美，风靡海外。在日本，天皇把《白氏文集》置于宫殿之上，作为范本来考试其臣民；在高句丽，宰相以每首百两银子，向商人高价收购白居易的诗篇。拉一船货的利润，都不如带一本诗卷来得轻松，成为唐朝文化领域的“白居易现象”。也正是因为如此，我们才可以说，白居易不仅对中国文学有突出贡献，在世界文坛上也享有很高的声誉。

唐朝近 300 年的历史，诗人数量超出十万人，知名的寥寥数十人。执掌朝纲者，张九龄、元稹、白居易、贺知章；年过古稀者，贺知章、白居易、刘长卿、刘禹锡。

白居易开创了诗人的多项纪录——诗写得好，职位又高，寿命又长，名满海外——这样的人生，不可谓不足矣。

五代宰相冯道

在中国古代，读书人无疑是最注重气节的群体，而“不事二主”也是众多读书人的原则之一。可是，在五代时期有这样一位读书人，他不仅打破了这个原则，还历仕后唐、后晋、后汉、后周四朝的十位皇帝。而且，他在任职期间还向辽太宗称臣，并且一直位列将相、三公、三师之位。这位堪称传奇的五代宰相，便是冯道。

古人推崇的“士可杀，不可辱”“忠臣不事二主”原则，在冯道看来都是愚蠢。所以，欧阳修骂他是“不知廉耻”，司马光骂他是“奸臣之尤”。在官修史书上，冯道是与奸贼秦桧相提并论的大奸贼。可是，这样一个大奸贼，是如何一路做上宰相，又做了这么多国家的宰相呢？下面，我们通过三个方面来进行解读。

冯道其人

冯道，字可道，号长乐老，公元882年出生于瀛洲景城[1]。冯道生于乱世，他的祖先并没有固定职业。冯道从小便与家人一起或种田或读书。幼年时期的冯道善良淳朴，天资聪颖，文采非凡。而且，他不像其他读书的孩

〔1〕瀛洲景城：今河北省沧州市。

師敬司

公主

朱温

李存勗

《太平桥》

选自《升平署戏曲人物画册》，此画册收藏于国家图书馆。故事来源于《五代史》和《残唐五代史演义》。讲的是朱温设计并一路追杀李克用，李克用幸而路遇李存勖，得救。图册中绘有老大王、公主、朱温、卞宜随、李存勖、旗牌郭义、李广、师敬司等人物的戏剧扮相。

子那般厌恶农桑商贾，相反，他安然于粗衣薄食，除了准备饭食奉养双亲外，就只以读书为乐。虽在大雪拥门的寒天，尘垢满席的陋室，冯道也能安乐自如。

公元 907 年，权臣朱温通过“禅让”的形式代唐称帝，改国号“梁”，史称“后梁”。至此，中国历史进入了五代十国时期。所谓五代，指的便是公元 907 年唐朝灭亡后，依次定都于中原地区的五个政权，即后梁、后唐、后晋、后汉和后周。公元 960 年，赵匡胤篡后周建立北宋，五代结束。与此同时，中原地区之外还先后存在过前蜀、后蜀、南吴、南唐、吴越、闽、楚、南平（荆南）、南汉、北汉等十余个割据政权，这些政权便被统称为十国。

作为历史上有名的乱世，五代十国以其混乱无序而闻名于后世。历史上，很多乱世中的国家虽然彼此攻伐，但起码能做到守土尊礼，保一方百姓安定。可五代十国时期却是烽火连天，大国钩心斗角，小国朝不保夕。

后梁自朱温开国之前，就长期与河东的晋国[1]争霸。那时，朱温被封为梁王，李存勖之父李克用被封为晋王。后梁建立后，被朱温封为燕王的刘守光听闻冯道有才德，于是将他收入自己帐下，任命他做幽州掾吏。冯道由此开启了为官生涯。

公元 911 年，刘守光不顾众将臣反对，先是登基称帝，后又召集将吏商议进攻易州、定州。对于刘守光这种敢于同时挑战当时中国北方实力最强的两大军事割据集团——朱温和李存勖的极端冒险行为，时任幽州参军的冯道认为不可行。

听完冯道的建议，刘守光勃然大怒，还将冯道拘禁于监狱。幸而，在刘守光前往战场之时，冯道被人从监狱里释放出来。最终，刘守光兵败如山倒，不久后被杀，冯道也逃往太原，投奔割据山西的李存勖。李存勖任命他为掌书记，专门负责制定朝廷礼仪制度。

公元 919 年，李存勖手下大将郭崇韬认为，晋王李存勖养的闲人实在太

〔1〕河东的晋国：即后唐的前身。

宠幸伶人

选自《帝鉴图说》的下篇《狂愚覆辙》。后唐庄宗李存勖，唐末军阀李克用长子，五代后唐的开国皇帝。在位时，爱乐理，宠幸伶人，疑忌功臣。致使百姓怨愤，众叛亲离。

多了，于是便上疏请求减少一些冗杂人员。李存勖很生气，他召来冯道，让其起草罢免郭崇韬的告示。冯道迟迟不写，李存勖再三催促，冯道说："起草文件是我的职责，但此时国道艰难，君臣之间当紧密团结。如果君臣内斗，则会让敌人欣喜，让自己人担忧，实在是得不偿失。"李存勖见冯道说得在理，便撤销了罢免郭崇韬的命令。

公元 923 年，李存勖在邺都称帝，是为后唐庄宗，后唐政权正式建立，冯道被任命为翰林学士。后唐庄宗灭后梁之后，冯道也升官至中书舍人、户部侍郎。后来，冯道因父丧离职，返回景城守孝。

在家乡替父守孝期间，冯道并没有在乡亲们面前摆官架子，而是亲自下地劳动，上山砍柴，对一些缺乏劳力的人家尽力帮助。恰好又赶上他的家乡闹饥荒，他便将剩余的俸禄全部赈济乡民，自己却居住在茅草棚中，而对官吏所赠财物，分毫不受。这时契丹强盛，素闻冯道之名，想把他掠到契丹。但因边将有备，冯道才得以幸免。

公元 927 年，朝廷商议设立宰相，大臣们纷争不停。刚刚上台不久、大字不识一个的后唐明宗李嗣源说："我在河东时见冯道多才博学，与世无争，这个人可以任宰相。"最终任命冯道为宰相，专门负责给自己念奏折。

爱民如子

冯道当上宰相以后，严防当官第一腐，用人正升人正，那些没有背景而有真才实学的，冯道都把他们提拔到重要岗位；相反，那些纨绔子弟、公子哥儿，都被冯道严堵"后门"，避免因裙带关系而误招无用之人。

冯道对官员如此，对皇帝也是如此。一日，一位将军偶然得到一个刻着"传国宝万岁杯"六字的玉杯献给了李嗣源。玉杯玲珑剔透，精致非常，李嗣源如获至宝，爱不释手，时常拿出来与众大臣赏玩。

有一次，明宗在冯道面前炫耀，冯道却不以为然地说："这算什么，不过是前世留下来的有形之物。陛下身上有无形之宝，才是举世罕见。”李嗣源不解，向冯道问道：“何为无形之物？”冯道回答道：“仁义者，帝王之宝也。”冯道就是利用这种方式，来善意地规劝李嗣源应该行仁政。

公元929年，李嗣源和冯道聊起近年来五谷丰登，四方无事。

冯道说：“我经常记起过去在先帝的幕府任掌书记时，奉命出使中山，经过井陉险要的地方，我常担心马摔倒，小心谨慎地抓住缰绳，幸好没有失误。等到平路时，放开缰绳让马自己去奔跑，不一会儿就摔倒了。治理天下的道理也和这差不多。”

李嗣源又问冯道：“今年虽然丰收了，百姓们的赡养是否充足？”

冯道答道：“种庄稼的人遇上灾年就饿殍满道，遇上丰年又为粮食价格低贱而发愁，无论是丰年还是灾年，都有困苦，只要是庄稼人就是这样的！我记得前人有诗写道：‘二月卖新丝，五月粜新谷；医得眼下疮，剜却心头肉。’语言虽然粗鄙，却道尽了庄稼人的困苦。农民是最勤苦的，陛下不可不了解这些情况啊！”

李嗣源听了之后马上命令把这首诗抄录下来，经常诵读。

公元933年，后唐明宗李嗣源病逝，其子李从厚即位，是为后唐愍帝。李从厚即位后，一直把李嗣源养子潞王李从珂，和李嗣源的女婿河东节度使石敬瑭当成眼中钉。第二年，李从珂以清君侧为名起兵反叛，攻打洛阳，李从厚带兵出逃。冯道率百官开城迎接李从珂并拥其继位为帝，是为后唐末帝。不久之后，冯道被召拜为司空。

公元936年，后唐河东节度使石敬瑭勾结契丹，灭唐称帝，建立后晋，任用冯道做宰相。公元947年，因后晋与契丹反目，契丹国主耶律德光攻入汴梁，灭亡后晋，冯道被任命为太傅，在枢密院供职。

在朝见耶律德光时，耶律德光问冯道说：“天下百姓，如何可救？”冯道答道：“此时的百姓，佛祖再世也救不得，只有皇帝您救得了。”

可见，中原百姓能免于外族的侵害，都是冯道等人暗中庇护的结果。

屹立不倒

其实，这个答案很容易想明白。五代十国时期是一个尚武的时代，武人们为了各自的利益，为了能够登上皇帝宝座而厮杀不断。正如宋朝开国皇帝赵匡胤，就算他没有当皇帝的打算，也会有人把一件黄袍披在他身上，逼他当皇帝。还有一些武人，他们不一定为了争夺利益，只是单纯为了仇杀，为了冤冤相报、以暴易暴。

在那个时代，科举制度早就废除了，也很少有人读书。在那个时代，甚至发生了很多武人吃书生的事件。既然读书无法保护自己，那大家也就都不要读书了，人人都开始习武打仗。正因如此，五代十国的读书人非常稀少。

可是，当武人通过拼杀夺得天下以后，他们又必须依靠文人来帮助自己治国。而从小就刻苦读书、满腹经纶的冯道，正是皇帝们非常重视的人才。

在这方面，最典型的便是石敬瑭。石敬瑭上台后，把朝廷的大小事都托付给冯道。大家都害怕去和契丹打交道，只有冯道能做好这些外交的事情。更为重要的是，公元942年，石敬瑭患病不起之时，单独召冯道对话。

石敬瑭叫幼子石重睿出

石敬瑭（892—942年）

五代十国时期后晋开国皇帝。后唐末帝李从珂即位后，君臣相互猜忌。于清泰三年（936年）起兵造反。灭亡后唐，建立后晋，定都汴梁。

来拜见冯道，又让宦官抱着石重睿放到冯道怀中，意思是要冯道辅立他为幼主。可是，石敬瑭病逝后，冯道则以“国家多难，宜立长君”为由，拥立石敬瑭养子石重贵为帝。可见冯道并不是傀儡，做官也并非贪图富贵。他是一个有自己打算，且心中装着家国百姓的读书人。

冯道所处的时代，虎狼当道，吃人与被吃是平常事。可冯道并不崇尚霸道，他既给自己励志，也给自己警告：要让内心守仁，不能藏恶更不能行恶，乱世里以仁善来拯救世界。邦有道，冯道出山，兼济天下；邦无道，冯道也出山，并不独善其身。也正因如此，苏轼称冯道为“菩萨”，王安石则称冯道为“佛位中人”。

才情帝王李煜

冯道是五代十国传奇的臣子，李煜则是五代十国传奇的皇帝。

李煜，一位多情帝王。如果他没有生在乱世中的皇家，说不定也过着逍遥自在不羡仙的生活。可是，他是乱世诸国中的君王，吟风弄月，是最不符合那个时代的行为。

李煜是南唐末代国君，也是著名的婉约派词人。清代学者郭麐（lín）称他为“作个才子真绝代，可怜薄命作君王”。因为他的才华的确是当时无双，但命运却格外多舛。

比如我们都熟悉他的著名词作《虞美人》：“春花秋月何时了？往事知多少。小楼昨夜又东风，故国不堪回首月明中。雕栏玉砌应犹在，只是朱颜改。问君能有几多愁？恰似一江春水向东流。”

可是，很少有人知道，这首名为《虞美人》的词居然是李煜的绝笔词。当天恰好是农历七月初七，他的四十一岁生日。可是，在李煜写完这首词后，他就被人下毒毒死了。李煜这个人间真才子错生在君王家，这注定是一场悲剧。

看到这儿，很多人都会有这样的疑问，李煜到底是怎么当上皇帝的？他到底有没有治理国家的能力？下面，我们对李煜的一生进行解读。

南唐后主

在解答这个问题前，我们先简单地介绍一下南唐。南唐是整个十国时期实力最强、面积最大的割据政权。当时，南方有九个国家，分别为南吴、南唐、闽、吴越、前蜀、后蜀、楚、南平（荆南）、南汉，而北方只有一个国家，即北汉。在这十个国家中，力量最为强大的便是李煜掌控的南唐。

公元937年，农历七月初七，李璟的第六个儿子李煜诞生于金陵，本名从嘉。三个月后，李煜的爷爷李昪称帝，在金陵建立了南唐政权。六年以后，李煜的爷爷病逝，长子李璟继承皇位。与李昪不同，李璟完全不是打仗、治国的材料，相反，他是历史上有名的词人。在李璟的熏陶下，他的儿子们也个个擅长作诗吟诵，不谙国事。其中，最富才情的便是李煜了。

公元957年，后周世宗柴荣征南唐，李煜的父亲大败，割让长江以北十四州给后周，去掉帝号，只称江南国主。公元961年，李煜的父亲病逝。此时的中原，已经是北宋的天下。

作为父亲的第六个儿子，皇位本来无论如何也不应与李煜有缘。但李煜一生下来，一只眼睛里竟有两个瞳孔，即“重瞳”，被旁人视为有帝王之相，李煜也因此成为众兄弟猜忌、提防的对象。为了避祸，他一头扎进了文学和艺术钻研之中，在诗词书画的天地

重瞳

相传，生有重瞳的人都是帝王或圣人。
史书上记载有重瞳的只有八个人，他们分别是——仓颉、虞舜、重耳、项羽、吕光、高洋、鱼俱罗、李煜。

《重屏会棋图》

明代佚名摹五代南唐周文矩。图中画的是南唐中主李璟和自己的三个弟弟一起下棋的情景。画中戴黑色高帽者为李璟，右侧是其三弟李景遂，下棋的是四弟李景达与五弟李景逖。

里流连忘返。

世界上很多事，不是你想做就能做；同样，还有很多事，不是你想不做就不做。造化弄人，李煜前面的五个哥哥相继去世，李煜从第六子一下变成了长子，成为南唐第一顺位的皇位继承人。

此时的李璟打算让李煜当太子接班，可大臣钟谟进言，说李煜性情轻浮放纵，请立第七子李从善为储君。李璟听后勃然大怒，将钟谟贬了出去，硬是把李煜立为太子，并为他更名为李煜。“煜”是照耀的意思，李璟希望儿子的异相能像舜帝那样光耀千古，照亮南唐晦暗的前程。

就这样，公元 961 年，李煜继承王位，是为李后主。

多情皇帝

李煜即位后，南唐依然是十国时期实力最强、面积最大的王国。可是，随着北宋的日益强大，南唐百姓也感受到了巨大的威胁。

值得一提的是，李煜从父王手中接掌南唐国时，南唐的国势就已经衰弱了。当时国库空虚，皇室也是表面光鲜。而当时的北宋正在抓紧备战，准备一统江山。南唐是当时最大的割据王国，地广人多，自然成了北宋的眼中钉。

最初，北宋对南唐是有一层忌惮的。因为北宋军队东征西讨，最怕的就是南唐国从背后生事，灭掉自己的政权地。然而，赵匡胤很快就放心了，因为他发现，南唐后主是个没野心的人。所以当李煜怯生生地派人到东京，请求自削尊号，让北宋统治者直称其姓名的时候，赵匡胤虽然大喜，但还是故作安抚地摆摆手，拒绝了这个请求。

在李煜看来，只要对北宋表现得足够顺从，就能获得赵匡胤的谅解，这样才能保全南唐李家的宗庙社稷。于是，李煜不仅奉宋朝正朔，还想拉着南汉一起主动做宋朝的跟班；其他割据势力被宋朝吞并的时候，他从来都是站在宋朝一边，为大宋摇旗呐喊，站脚助威。即使后来宋朝造船，显现攻唐的迹象，李煜还是坚持屈尊事宋，不但否决了主动突袭烧毁宋朝战船的提议，还贬损仪制，以实际行动向北宋统治者表示——我跟你走，求你放过我。

面对强敌北宋的威胁，主动要求去掉尊号、步步退让的李煜是不是特别无能？其实，也不尽然。李煜表面上臣服宋朝，其实暗中在筑城聚粮，积极备战。而且，李煜还实行了减免税收、免除徭役、改革土地制度等一系列措施来缓解国难。他采取坚壁清野、固守城池的防御策略，来对付长途奔袭的宋军。

公元 974 年 9 月，宋太祖赵匡胤发兵十余万，攻打南唐。同年 10 月，宋军在南唐内奸樊若水的帮助下，沿采石矶搭建浮桥，顺利渡过长江。采石矶的失守，让南唐都城失去了西南边的屏障。在随后的秦淮河背城一战中，南唐守军又损失了数万人。第二年 3 月，宋军乘胜进逼至金陵城下。第二年 10 月，随着洪州节度使朱令赟率领的 15 万江西援军在安徽皖口之战中几乎全军覆没，金陵成了一座失去外援的孤城。

李煜执意坚守一个多月后，金陵城被宋军攻破，众多将士在巷战中战死。李煜只好奉表向北宋投降，存续 39 年的南唐灭亡了。

李煜真是一个懦弱无能之辈吗？南唐旧臣潘慎修在回答赵匡胤这个问题时，给过一个客观的评价：假如李煜真是无能无识之辈，何以能守国十余年？

在灭亡南唐的进程中，南唐的东南邻国吴越始终在协助北宋。李煜对其晓以唇亡齿寒的道理，吴越王不理会，反而将李煜的书信转交给宋朝。宋军兵临城下后，吴越军乘机攻陷金陵东面的门户润州，使得南唐都城陷入合围之中。两年之后，吴越王钱俶亲赴开封，献上国土。随着吴越灭亡，五代十国的历史也就此结束，中国也迎来了再一次的统一。

魂归宋地

战败投降的李煜做了俘虏，拖家带口地来到了宋都东京，南唐国也就此寿终正寝。而宋朝得了南唐之后，瞬间变成了暴发户。凭借三世李氏国君的经营，南唐与后来“纳土归宋”的吴越一并成为大宋的钱袋米仓。正是凭借江南的钱粮，宋朝在后来的局势中，才有资本跟辽国鏖战，有资本通过贸易战耗哭西夏，才能在辽宋夏的格局中占有一席之地。

其实，宋太祖赵匡胤没打算杀了李煜，他觉得百无一用是书生，与其杀掉李煜，倒不如留着好收买人心。于是，赵匡胤封李煜做了违命侯，还给他建了个小院子，许他吟风弄月，却不许他随便出入。

这段时间，李煜过得生不如死。虽然他天生喜欢和平安逸的日子，但却很受不得束缚。首先，李煜曾是与赵匡胤平起平坐的国君，而且南唐国的国力又远高于北宋。其次，他被软禁在这院子里，物质条件与过去也是天壤之别。最后，他不得不背井离乡，饱尝亡国之痛。个中滋味是我们常人无法理解的，不过这也造就了他词作上的高峰。

公元978年，七夕夜。银汉迢迢，家家乞巧。正所谓“金风玉露一相逢，便胜却人间无数”。在人间，41岁的南唐后主李煜回忆起曾经的日子来。

在金陵的那些年，每逢七夕，他必命人用红、白色丝罗百余匹，作月宫天河之状，整夜吟唱作乐，天明才撤去。念如今物不是、人已非，几盏淡酒下肚，李煜便醉了。他让乐工们为自己演唱了一首新填的词——《虞美人》。“春花秋月何时了？往事知多少。小楼昨夜又东风，故国不堪回首月明中。雕栏玉砌应犹在，只是朱颜改。问君能有几多愁？恰似一江春水向东流。”亡国之痛被提升到了更高层面，它触及了人生最基本的真理，表达着人类共有的悲哀。这样的词，不能不说是神品。

词句很快传到了赵匡胤的耳朵里。赵匡胤听闻此词，杀心顿起。没想到自己留了李煜一条命，他却依然在想自己的国家。难不成，这个李煜还想复国吗？想到此处，赵匡胤便派人给李煜送去一杯毒酒。李煜在自己生日这天，死在了异国他乡。

李煜生于深宫，从来没有经历过颠沛流离的苦痛，他的懦弱与天真不但害了国家，也害了自己。回首李煜传奇的一生，他虽然生不能成帝王，永续江山，但是在死后他的诗词却影响了后人的思想，最后被后人尊为“词帝”，也让后人为其扼腕叹息。

也许从登基的那天，李煜就明白，作为一个皇帝，他注定要成为失败者。但当这个失败如期到来时，他并没有真正地退缩，而是勇敢地扮演了另外一个角色。既然不能在政治舞台上称王称霸，那便在词坛上获得霸主地位。这也未尝不是另一种人生选择。

《韩熙载夜宴图》

宋人摹五代顾闳中。传闻是身居高位的韩熙载为自保，而故意装成生活奢靡的糊涂人，这幅画是李后主派顾闳中和周文矩到韩熙载家的所见所闻。

图卷描绘了后唐官员韩熙载家设夜宴载歌行乐的场面，共有五个场景，分别为：宴罢聆听、击鼓伴舞、画屏小憩、玉人清吹、夜阑余兴。

"以文制武"赵匡胤

冯道也好，李煜也罢，他们所处的五代十国时期，群雄逐鹿，血战连天。这个时代，大小军阀们都开始信奉"天子本无种，兵强马壮者为之"。所以，手中有兵马的人或称王称帝，或割据一方。这个恶性循环一直到著名的军事家、北宋的开国皇帝赵匡胤手中才被打破。

赵匡胤为何能终结华夏两百年的噩梦，开创一个无比辉煌的新时代？下面，我们来进行解读。

统一全国

赵匡胤祖籍涿州[1]，公元927年出生于洛阳，小名叫"香孩儿"。赵匡胤的父亲赵弘殷是军中一位骁勇善战的武将。赵匡胤长大后，便经常跟着父亲，出入兵营，学习骑马射箭。赵匡胤的武学天赋极高，在训练的时候总能超过他人。公元948年，赵匡胤投身到后汉枢密使郭威帐下，屡立战功。

公元951年，郭威称帝，建立后周政权。赵匡胤被封为后周禁卫军之官。三年之后，郭威病死，周世宗柴荣即位。在其后随周世宗北拒契丹、南征淮南的作战中，赵匡胤征战无数，其军事统帅才能日臻完备，得到周世宗的优

〔1〕涿州：今河北省涿州市。

宋太祖赵匡胤（927—976年）

崛起于乱世之中，是宋朝开国皇帝。在『陈桥兵变』中被拥立为皇帝。他结束了割据混战的局面，进一步实现了华夏地区的统一，建立宋朝后，十分重视经济、文化的发展；同时轻徭薄赋，各行各业都得到了发展，实现了社会的繁荣发展，史称『建隆之治』。

厚赏赐。同时，他还能听取谏言，闻过则改，知人善任，体恤百姓，所以声望日高，拥戴者渐众。

公元959年，因为割据山西的北汉政权时常恃辽抗周，周世宗决定率兵征辽，命赵匡胤为水路都部署，另派韩通为陆路都部署。两将先行率军出发，水陆并进。世宗自己率军做他们的后援。一路之上，攻无不克战无不胜，眼看就要攻取幽州[1]，周世宗忽然病倒，只好班师返回汴梁。随后，赵匡胤被封为殿前都点检，成为禁军最高统帅，其权势威名，由此更盛。

公元960年，赵匡胤受命抵御北汉及契丹联军。旋即在“陈桥兵变”中被拥立为帝，并回京逼迫后周

〔1〕幽州：今北京市。

陈桥兵变

后周时期，赵匡胤在陈桥发动兵变，部下诸将为他披上黄袍，拥立他为天子。黄袍加身后，赵匡胤率军回师开封，胁迫周恭帝禅位，并将国号改为“宋”。

陈桥兵变，没有烽烟四起，更没有尸横遍野，几乎是“兵不血刃，市不易肆”地取得了改朝换代的成功，创造了“不流血而建立一个大王朝的奇迹”。

恭帝禅位。同年，赵匡胤登基为帝，国号“宋”，史称宋朝或北宋。

在位期间，赵匡胤依据宰相赵普“先南后北、先易后难”的策略，致力于统一全国，先后灭亡荆南、武平、后蜀、南汉及南唐等南方割据政权，完成了全国大部的统一。

开创时代

宋朝截然不同于此前几千年以来的任何一个王朝，夏商周三代也好，秦汉隋唐也罢，历史上，没有哪个王朝能比宋朝更富强，也没有哪个王朝能比宋朝更风雅。赵匡胤为什么能把宋朝发展得这么好呢？最主要的原因就是他能解救黎民疾苦。

当时，赵匡胤命人引进了高产的农作物占城稻，粮食总产量大大提高，不但使当时的中国率先成为全世界最早能够做到一日三餐的国家，而且，当时也只有中国率先抛弃了在食不果腹的背景下无可奈何实行的分餐制，逐渐推行了合餐制。宋朝打破了上千年来政府对商人的歧视，也打破了上千年来对商业的时间和地点的限制。

宋朝城市中的街市，逐渐取代了旧有的封闭式的“市”。居民区与商业区交叉存在，并逐渐连成一片，大街小巷的交通网也逐渐形成，居民众多的小巷不再相互隔离而直通大街，从而使大街小巷的畅通结构取代了旧有的封闭式坊里结构。以至一天 24 小时，任何地点都有做买卖的市。

在宋朝的夜市里，最火爆的活动当属女子相扑了。当时，她们被称为“女飐”，也算是艺人的一种，且穿着通常会比较暴露。宋朝上层社会的男人喜欢看女人吟诗，底层老百姓则爱看女人相扑。在这种非常开明的大环境下，多元文化日益发达起来。

宋朝不但是词的黄金时代，还是中国花鸟画、山水画、市井风俗画的繁盛时期。《千里江山图》《清明上河图》等都是宋朝画家的佳作代表。宋朝的文人雅士们不但以绘画为乐，也喜爱在房屋中摆放画作来装饰门面。

由于科举的兴盛和人货殷繁，商旅业发达，宋朝的房租都很高，一般租不起房子的穷人和书生，会选择在寺庙落脚。有趣的是，苏轼的父亲苏洵在仁宗嘉祐二年（1057年）带着两个儿子入京备考，就是寓居于兴国寺浴室院。宋朝的酒楼，一般两三层的居多，一层专供散客入座——也就是我们今天所说的大排档，二层、三层则有很多间被称作“酒阁子”的小包间。

不过，既然社会上本来就有“士农工商”四民的区分，就免不了有四民之间的冲突。

宋初，朝廷设置隶属谏院的“登闻鼓院”，当事者可先去击鼓，会有本部的官吏来接待。登闻鼓向朝野士民开放，击鼓者不受身份所限制。

宋朝有用卫兵当作警察进行巡逻的制度，“警察有巡尉之官”，职能是“治烟火盗贼公事”；宋代也有公共性的消防队、负责城市卫生的“街道司”等。除此之外，宋朝政府设立了各种救济机构来满足不同弱势群体的需求，诸如福田院、居养院、安济院、慈幼局、惠民药局、漏泽园、举子仓等。

那个时候，北宋都城汴京附近的居民，一般乘坐各种畜力、畜力车、人力的轿子和人力车；而远道而来的客人，西北地区的，一般是乘坐骆驼；东南地区的，一般是乘坐舟船。

除了解救黎民疾苦外，赵匡胤还很会一劳永逸地解决中央和地方的关系问题，其中最出名的当属“杯酒释兵权”。

宋太祖以兵变上位，深知其对政权的威胁，因此从当政伊始就着手削夺将领军权，消除隐患。他采取的措施主要有两点：一方面实行“强干弱枝”，把精锐部队集中于禁军，削弱地方军队；另一方面分散禁军将领的军权，通过频繁更换将帅和士兵不断换防等措施，削弱将领和士兵之间的联系，避免军队军阀化。

公元961年农历七月初九这一天夜晚，宋太祖摆开筵席，宴请手下的一批大将如石守信等人。三杯酒下肚，赵匡胤发表演说：“朕若不是靠你们扶持，怎么能有今天？但朕也实在太为难了，如今的时光倒还不如当节度使之

《清明上河图》全卷

北宋张择端。《清明上河图》是中国古代十大名画之一。描绘的是北宋都城汴京街头风俗，北宋画家张择端仅见的存世精品，属国宝级文物，《清明上河图》纵24.8厘米、横528.7厘米，绢本设色。此卷里包含了大量的人物、动物，车、轿、船只，桥梁、城楼和房屋等，体现了宋代当时城市的建筑风格和社会各阶层人们的生活场景。此画具有很高的历史价值和艺术价值。现藏于北京故宫博物院。

时，都已经好久没有睡过安稳觉了。”

石守信等人不解。赵匡胤继续启发道：“如今谁不想当皇帝呢？”众将领吓出一身冷汗，纷纷表示不会有二心。但赵匡胤又哀叹道：“我自然知道你们忠诚，但当黄袍加身的时候，也就由不得你们了。”

石守信等人似乎感到心都凉了半截，求皇帝恩赐一条明路。赵匡胤早就谋划好了：“人生如白驹过隙，飞逝而过，所求无非富贵。你们解去兵权，到地方上任职，朕赐良田美眷，再与你们结成亲家，君臣互不猜忌，岂不是好？”

石守信等人恍然大悟，立即叩谢皇恩，次日上表称病，即被解除兵权，各自到地方上“以终天年”去了。至此，赵匡胤彻底解决了自唐中叶以来地方节度使拥兵自擅的局面。

崇文抑武

作为一代君王，赵匡胤很懂得“以文制武”，甚至有些“崇文抑武”。他想通过文人来治理国家，以消除武将对新建立的大宋朝的威胁。

赵匡胤确立了文臣处理政务的原则，执政官员都是通过科举考试上来的文臣，甚至在负责军事决策的枢密院也安插通过科举考试上来的文臣，以牵制武官，从而杜绝了武臣大将对朝政的干预。在地方机构中，则不断派出文臣担任州县官，以取代原来藩镇手下的将吏。

从此，“崇文抑武”的方略得到进一步的贯彻。比如，北宋宰相共有 71 人，其中 64 人出身进士。其余非科举出身的 7 人中，竟无一人出身武臣。当然，宋朝的“崇文抑武”也带来了严重的后果。

由于宋朝社会精英普遍鄙视和远离军队，不可避免地导致了宋军战斗力的低下。宋朝人以从文为荣，以从军为耻。随着军功集团在政治上的消退，以武人为代表的尚武力量对政策的影响力明显不足，于是造成宋朝数百年来

解裘赐将

选自《帝鉴图说》的上篇《圣哲芳规》。宋太祖赵匡胤命人将自己的冬装送去远征伐蜀的王全斌将军的阵营中，以表挂念。

碎七宝器

选自《帝鉴图说》的上篇《圣哲芳规》。宋太祖赵匡胤将后蜀主孟昶嵌满宝石的小便器打碎，并以此为鉴，杜绝奢靡。

受言书屏

选自《帝鉴图说》的上篇《圣哲芳规》。宋太祖赵匡胤将国子博士王昭素的话“治世莫若爱民，养身莫若寡欲”刻于屏风，来时时提醒自己清心寡欲、勤政爱国。

戒主衣翠

选自《帝鉴图说》的上篇《圣哲芳规》。宋太祖赵匡胤杜绝宫内的奢侈风气。翠衣是由翠鸟的羽毛制成，理应保护动物，拒绝皮草。

对外以求和为主的基调。社会上也逐渐形成了“文尊武卑”的价值观，靖康之耻的到来也只是时间的早晚而已了。

赵匡胤一生最大的贡献和成就，就在于结束了自唐末五代以来的藩镇割据混战局面。他为社会的进步、经济的发展、文化的繁荣创造了良好的条件。不过，后期却因为“以文制武”失了尺度，直接导致了宋朝后期几乎无武将可用的局面。可见，一个繁荣的王朝不仅要有开明的君主，还要有能干的文臣武将辅佐，才能保证国家长治久安。

变法失败的王安石

前面我们提到，一个繁荣的王朝不仅要有开明的君主，还要有能干的文臣武将辅佐。在北宋建立初期，国家积贫积弱，内忧外患，可谓是民不聊生。在这种大的背景下，宋神宗任用著名的思想家、政治家、文学家、改革家王安石，进行了北宋历史上最大规模的改革运动，史称“王安石变法”。

但是，让人完全没想到的是，“王安石变法”的最终结果，却与所有人的预期完全背道而驰，而且变法是越变越坏。

王安石其人

公元 1021 年，王安石生于临川〔1〕，其父王益时任临川军判官。由于王益在各地做官时，都会携眷属同行，所以王安石的少年时代与白居易相似，都是随父亲辗转于各地。

在随父宦游的过程中，王安石目睹了百姓生活的艰辛，也对宋王朝“积弱”的局面有了一定的感性认识。就这样，王安石在青年时期便立下了“矫世变俗”之志。

公元 1039 年，王益病逝于江宁府〔2〕任上。18 岁的王安石自此一改早年

〔1〕临川：今江西省抚州市。
〔2〕江宁府：今江苏省南京市。

流连光景、恃才傲物的毛病，谢绝世俗庆吊，吟诵经典，以孔孟为意，穷六艺而入道德，终成通家大儒。

公元 1042 年，王安石考中进士第四名，先授淮南节度判官，后历任扬州签判、鄞县知县、舒州通判等职，不管走到哪里，都是为官一任造福一方，业绩斐然，很快成了妇孺皆知的大人物，也因此层层晋升。

说此时的王安石是妇孺皆知的大人物，主要有以下两个方面的含义。

第一，王安石的文学成就很高，在诗、文、词上，他都有“绝妙一时”的美誉。

梁启超认为，不仅仅是唐宋八大家，也不仅仅是有宋一代，“以文学论，则荆公于中国数千年文学史中，固已占最高之位置矣”。

一句“浓绿万枝红一点，动人春色不须多”，简直就是王安石自信乃至自负的写照。酣畅淋漓，味道十足，已然胜过万语千言；一句“春风又绿江南岸，明月何时照我还”，又已经引出后代直到今天不计其数的考据与赏析文字来。

“荆公之诗，实导江西派之先河，而开有宋一代之风气”。后来，王安石的一生受尽辱骂抹黑，可唯独才华这条，就连最恨他的人也不得不服气。

第二，王安石的为人处世堪称清流。他一生拒奢拒纳妾，死后也没有任何遗产。

有人告诉王安石的夫人，说她丈夫喜欢吃鹿肉丝。在吃饭时他不吃别的菜，只把那盘鹿肉丝吃光了。夫人问，你们把鹿肉丝摆在了什么地方？大家说，摆在他正前面。

夫人第二天把菜的位置调换了一下，鹿肉丝放得离他最远。结果，人们才发现，王安石只吃离他近的菜，桌子上照常摆着鹿肉丝，他竟然完全不知道。

王安石长时间不换洗衣服、不洗澡。这使得他的外套上，到处都是汤汁油渍汗迹等污斑，以及一些干巴巴的附着物。这种饮食习惯和卫生习惯相结合，后果可想而知。好在当时的王安石已经具有了极高的官声与文名，使这种出现在常人身上肯定会令人无法忍受的不修边幅，反而给他增加了独特的

《宋人殿试图》

宋代科举考试，要历经解试、省试、殿试三试。殿试，实际上是省试的一种复试形式，而科举殿试制度也是在宋朝才有，始于太祖开宝六年（973年），由皇帝亲自主持。宋朝改革科举制度，不但减少了舞弊，选拔了有真才实学的人，而且通过科举制度进一步加强了中央集权。

魅力。

史书记载说：时人咸谓其贤，就是说，人们普遍认为王安石是了不起的高人。因此，导致了有记载说：士大夫以不能结识王安石为最大的恨事。

王安石变法

北宋建国后，一是解除了众多军事将领的权力，封为高官使之归田园；二是为了得到后周遗老遗少的支持，把大批旧官僚接受包揽下来；三是为了达到官府之间相互制约以强化皇权的目的，又增加了大批新官吏；四是认为扩大军队既可减少农民造反，又可使其为国卖力，由此军队数量与日俱增，由开国之初的三十多万人迅速增加到上百万人。

然而，到公元1067年，19岁的赵顼——宋神宗——登基的时候，“三冗问题”使北宋财政年年亏空。据《宋史·食货志》记载，公元1065年宋朝财政亏空已达1750余万两白银。痛定思痛，宋神宗认为，只有任用王安石进行变法才是缓解危机的唯一办法。

早在公元1058年，王安石就向时任皇帝宋仁宗上疏，以历史上晋武帝司马炎、

南宋毛笔　长25.6厘米。

王安石（1021—1086年）

北宋政治家、文学家，致力于变法图强，官至宰相。

唐玄宗李隆基等人只图"逸豫"，不求改革，终于覆灭的事实为例，要求立即实现对宋初以来的法度进行全盘变革；不然，宋王朝必将重演强盛的汉唐两朝终于灭亡的历史悲剧。

可是，无论王安石如何言辞恳切，一向奉行中庸之道的宋仁宗都对这些建议置若罔闻，丝毫不感兴趣。宋仁宗的态度让王安石明白，此时还不是最好的时机，只能暂时收敛锋芒！所以，从公元1063年他42岁那年起，王安石就主动辞官回家。此后年年被朝廷念叨，每当大家痛感大宋国事艰难时，更是越发想念王安石。

宋英宗在位的那几年，年年高官厚禄征召王安石，可王安石每次都是婉言谢绝。以至于朝臣们都觉得王安石是淡泊名利的高士。淡泊名利是事实，但他们并不知道王安石的伟大梦想：此时不入朝，他只是在等，等那个能与他一拍即合的人。

公元1068年，久仰王安石大名的宋神宗再次征召王安石进京。君臣果然一见如故，宋神宗认准了王安石，全力托付他国家大事，给大宋王朝来一场脱胎换骨的强大变革：王安石变法！宋朝要改革，这是大势所趋。

可问题来了：王安石能够采取什么样的措施，才能改变积贫积弱、内忧外患的状况呢？他良好的变法初衷，为什么会推行不下去，而且还让国家越变越糟糕呢？这一切还得从公元

1069 年开始说起。

为了让变法更加全面，王安石从四个方面做出了措施：救济农村的有“青苗法”“水利法”；治理财政的有“方田均税法”；二者兼顾的有“免役法”“市易法”“均输法”；整饬军备的有“置将法”“保甲法”“保马法”。王安石变法，带来的是北宋财政收入的高速增长与农民负担的减轻。一直被嘲笑孱弱的大宋军队，终于能够战斗力满血复活，来压制住老对手西夏了。

变法失败

王安石制定的一系列变法措施看似不错，但却在朝廷上下引来了一片骂声。满朝但凡有点头脸的高官，轻点的私下吐槽，激烈的更是连连疾呼，御史中丞司马光天天在朝堂上骂，老宰相韩琦退休前还不停地说坏话。“变”到最激烈的几年，就连太后都跑到宋神宗面前哭诉，非要让王安石停止变法不可。大家为什么反对到这地步？主要还是因为“青苗法”和“市易法”。

“青苗法”的主要内容是，各地方政府囤积一定的粮食，当市面上粮价高的时候就低价出售给农民，若市价低，就高价回收粮食，这有一些像现在我们政府的粮食保护价。农民可以在播种季节或者青黄不接的时候向政府借粮，等到有收成的时候加上一定的利息归还给政府，这就有效

宋神宗（1048—1085 年）

宋英宗长子，北宋第六位皇帝。不满于当时日益衰败的社会，令王安石推行新法，以求变革。

轸念流民

王安石新政推行时，有些政策扰害百姓，致民不聊生，流民遍地。宋神宗知晓利害后，遂将不利民之政策罢革。

地防止了高利贷对于农民的盘剥，地方政府也增加了收入。

此法王安石在地方为政期间曾实验过，效果很好。现在只是同比例放大而已，不想结果却是南辕北辙。究其原因，大多数农民不识字，得花钱请书吏，再到衙门申请。不法书吏乘机做手脚，贪官污吏又层层盘剥。变法规定的二分利息，结果涨至35倍，农民宁愿避开官府，“哀求于富家大族，增息而取之”。而官吏又采取一刀切的贷钱措施，下指标，硬摊派，实行权力寻租，以致农民谈贷色变。

而“市易法”本来的目的也是为农民着想的，拟收购农民手中滞销货物，但结果演变成专收紧俏物，衙门沦为赚钱机构，乃至全官经商，与民争利。一时汴京的水果、芝麻都成为官府刮钱之物，连市民挑水、提茶都要向官府交费，真是“食土之毛，莫得免焉”。

我们可以看到，改变“积贫积弱”的现象是王安石变法的总方针，富国强兵是变法的总目的。但利国利民的王安石变法却严重地触犯了皇亲国戚、大地主、大贵族的利益，王安石和他的改革派遇到的阻力可想而知——而这阻力的代表人物便是司马光和神宗皇帝的母后高太后。故而，法令颁行不足一年，围绕变法，拥护与反对两派就展开了激烈的论辩及斗争。每次廊庙之会，都有一场关于新法，关于王安石的辩论。

成为众矢之的的王安石，以“天变不足畏，人言不足恤，祖宗之法不可守”的斗争精神，抱定“当世人不知我，后世人当谢我”之信念，执意于新法。

但让王安石心痛不已的是，他亲手提拔的城门官郑侠，却将自己无数次目睹的惨景绘成了《流民图》，且附奏疏要求停止新法，延万姓垂死之命。奏疏上达之日，宋神宗为之震惊，对新法也产生怀疑，禁不住责问起王安石来。终于，宋神宗罢免了王安石。

写“滚滚长江东逝水”的杨慎称王安石为“古今第一小人”；梁启超却把王安石奉为“若乃于三代下求完人，惟公庶足以当之矣”。总之，善也好，恶也罢，王安石的一生，自有懂他的人评说。

文人榜样苏轼

王安石的功过是非有无数人评说，可当时大宋官场上有这么一个人，他才华横溢，文采飞扬，评说了无数个人的功过是非却屡次遭贬。

王安石搞变法，他上疏皇帝述说新法的弊病，结果惹怒了以王安石为首的新党，他被发配了；司马光上台后，把王安石的新法全都废掉，他又上疏皇帝述说新法尽废的不是，结果惹怒了以司马光为首的旧党，他被发配到了更为偏远的地方；又过了几年，支持变法的新党又上台了，王安石的新法又全都恢复了，他又上疏皇帝述说新法的弊病，结果他被发配到了远得不能再远的海南岛了；好不容易等到了朝廷大赦天下征召他回京，结果他却在回京的路上去世了。这个用一生书写传奇的人，便是北宋著名的文学家、书画家、唐宋八大家之一的苏轼。

少年天才

说到唐宋八大家，就不得不说到苏家，因为这八大家中，苏家就占了三个人。可见，苏轼日后的成就，也有从小受父亲耳濡目染的影响。

公元 1037 年 1 月 8 日，苏轼出生于四川眉山。21 岁那年，苏轼与父亲苏洵、弟弟苏辙父子三人一同进京赶考。当时的阅卷人梅尧臣看了苏轼的文章，觉得文章好极了，但苏轼用了个“皋陶杀人”的典故，梅尧臣却不知道来历。梅尧臣毕竟是阅卷人，不能露怯，还是给了苏轼高分。后来，梅尧臣专门问苏轼这话是谁说的，结果苏轼回答：“我自己说的。”

当时，主持苏轼一场的主考官是大名鼎鼎的欧阳修，阅完苏轼的考卷后，欧阳修赞叹不已，认为只有自己的学生曾巩有这样的才华。为了避嫌，欧阳修特意将苏轼的卷子判为第二名，直到放榜那天，欧阳修才知道自己闹了个大乌龙。

然而，他还是不相信苏轼有这样的才华，于是让他将往日文章拿给自己来读，结果观看之后，欧阳修心服口服，回家便对自己的儿子说道：“三十年后没有人会谈起我了，老夫当避路，放他出一头地也。”成语“出人头地”，便是从欧阳修和苏轼这里来的。而欧阳修也说得不错，直到苏轼去世十年后，人们都在谈论他的诗词，几乎没有人再提到欧阳修了。

苏轼的才气是上天独给他的礼物，弱冠不久便受到当时的大文人欧阳修的推崇，此后文名渐显。父亲苏洵走了十多年的路，苏轼一朝就做到了。这得天独厚的才华，仿若垂天之云，是常人所不能拥有的，“白云在青天，可望不可即”。才华不可辜负，苏轼将自身的才华发挥得淋漓尽致，以大才华创造出了大成就。

作为北宋著名的诗人，他与黄庭坚并称“苏黄”；作为北宋著名的词人，他开豪放一派，与辛弃疾并称“苏辛”；作为北宋著名的书画家，他用笔行书自成一家，与黄庭坚、米芾、蔡襄并称“宋四家”；作为“唐宋八大家”之一，北宋文坛的领袖人物，他的最著名的成就是散文，与欧阳修并称“欧苏”。除此之外，“雪泥鸿爪”“对床夜雨”“胸有成竹”“河东狮吼”“水落石出”“化为乌有”“燕瘦环肥”“坚韧不拔”等我们至今还在使用的成语，也尽出自于苏轼之手。

苏轼一出场就惊艳了整个大宋，其才气亦可谓名扬天下。可是，当“学霸”走上官场，就真的能一帆风顺、步步高升吗？答案当然是否定的，苏轼在文坛得意，却在官场失意。

官场失意

当年，宋神宗刚刚任用以王安石为首的新党积极推行变法。变法本是好事儿，但他们操之过急，导致小人趁机夺权，百姓反遭其害。苏轼见状，心如火焚，一连写了五个奏章，建议皇帝用人要明辨忠奸，变法急不得，要慢慢来。

不承想，苏轼的举动却引起了新党的惶恐，他被诬陷在守孝期间贩卖私盐牟利。无中生有的罪名，自然查无实证，最终不了了之，但是苏轼却没有机会再向皇帝进言。苏轼悲愤万分，为避开政治旋涡自请出京，到杭州担任通判。

来到杭州的苏轼成了杭州百姓的救星。苏轼来到杭州的时候，唐朝时为了解决老百姓的喝水问题而开凿的“钱塘六井”因年久失修，河塘堵塞，有的已经成为废井，吃水问题又成了杭州老百姓的心头之痛。

为了解决百姓的饮水问题，苏轼亲自带领众人在西湖边实地勘察，制定出合理有效的方案，然后挖沟、清淤、修补井壁、设置闸门，发公文禁止百姓在水流的上游洗衣浴马，并安排专门人员进行监督管理。第二年春天，六井疏通大功告成。杭州百姓无不为苏通判叫好。

漫步在西子湖畔，品着西湖龙井，喝着“钱塘六井”之水酿造的美酒，苏轼诗兴大发，写下那首《饮湖上初晴后雨》：“水光潋滟晴方好，山色空蒙雨亦奇。欲把西湖比西子，淡妆浓抹总相宜。”

这一年，苏轼因“乌台诗案”被关进监狱。当时苏轼调任湖州当官，到任后给皇帝写信谢恩。原本只是例行公事，却因为信中有些带有个人色彩的措辞，被嫉妒他的人——诸如《梦溪笔谈》的作者沈括等——拿去大做文章，说他“愚弄朝廷，谤讪新政”，罪孽深重，死不足惜。一时间，朝堂上下一片沸腾，要求皇帝明正赏罚。

一众官员都陷害自己，苏轼虽然无辜，却也知道自己必死无疑，于是开始写信交代后事。结果，皇太后突然出面为苏轼求情，令苏轼免过一死，不过，他却被贬到偏远的黄州[1]做一名小小的武将。

可谁知道，苏轼刚到地方就写了一首诗，意思是我这半生只是为了一张嘴在忙碌，老来仕途却一片荒唐。黄州的鱼真好吃啊，看见竹林就好像闻到了竹笋的香。说起来有些惭愧，我当官这么多年没做出什么成绩，吃吃喝喝倒是不少。

实际上，苏轼在黄州差点得了抑郁症，每天的日子也过得稀里糊涂。主要就是穿着破鞋，划着破船，独自闲游野荡，混迹在路边的渔夫樵夫中间，还被路上的醉汉推骂。他给朋友写信说自己如何寂寞孤独，可没有一个人回信给他。

黄州这三年，是他生命中最艰难的时刻。但也正是在这里，苏轼达到了一生中艺术生涯的高峰，既有“大江东去，浪淘尽，千古风流人物”的磅礴，又有“十年生死两茫茫，不思量，自难忘”的细腻，而他最好的书法《寒食帖》，也写在黄州的凄风苦雨里。

乐观生活

本来苏轼已经穷得揭不开锅了，但一个朋友帮忙替他向黄州政府申请了几十亩“东坡之地”，苏轼亲自开垦耕种，还有了“东坡居士”的美誉。最让苏轼高兴的，莫过于发现了黄州的猪肉特别好吃，而且便宜，于是他便自己动手，发明了一款闻名至今的“东坡肉”。

公元1093年，56岁的苏轼又被贬了，但这次去的地方更惨：岭南[2]惠州。岭南多瘴气，被贬去岭南的人基本就等于被判了死刑。临行前，苏轼将

〔1〕黄州：今湖北省黄冈市。
〔2〕岭南：今广东。

烛送词臣

苏轼因受诬陷，一直怀才不遇。直至宋哲宗时，方受器重，太后还赐烛给他，送他回去。

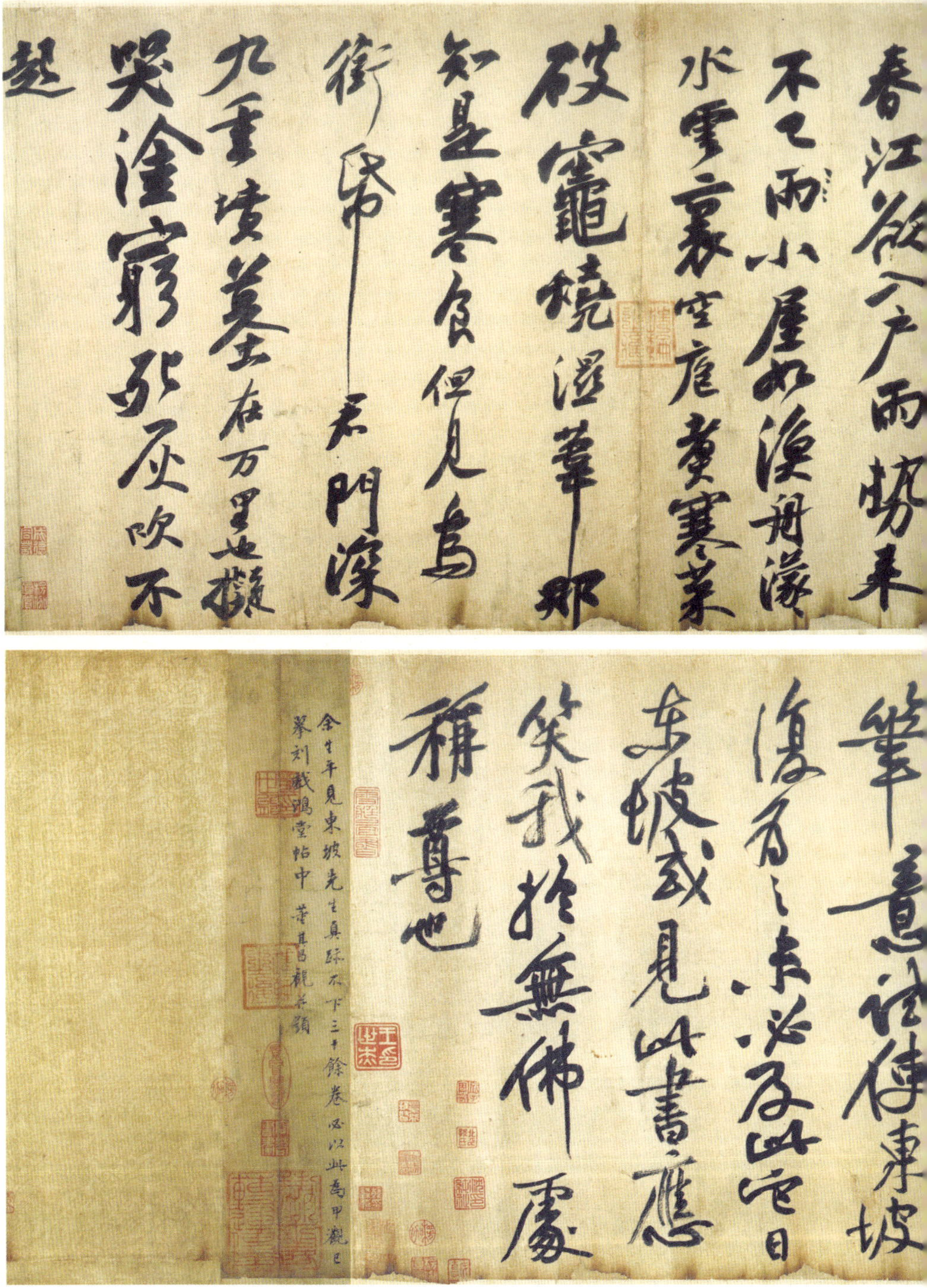

《寒食帖》

又名《黄州寒食诗帖》《黄州寒食帖》。横 34.2 厘米，纵 18.9 厘米，行书十七行，共计 129 字，台北故宫博物院藏。苏轼作于被贬黄州第三年的寒食节，抒发内心惆怅孤独的情感。《寒食帖》在书法史上被称为“天下第三行书”。寒食节在清明节前一两日。节时禁烟火，只吃冷食，因而被称为寒食节。寒食节的习俗前后绵延两千余年，曾是中国民间的第一大祭日。

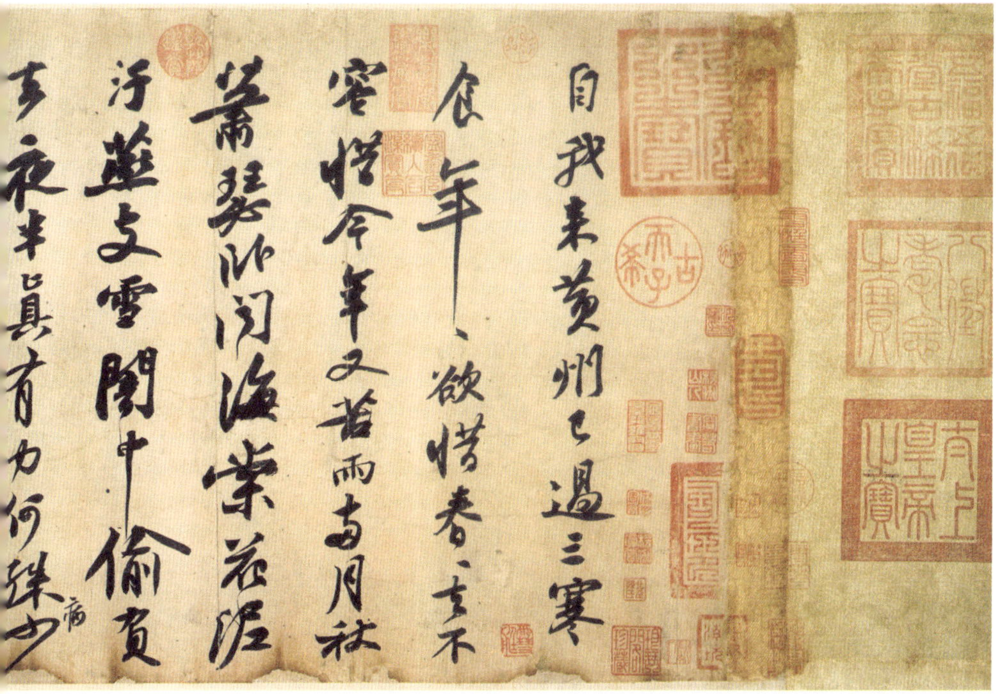

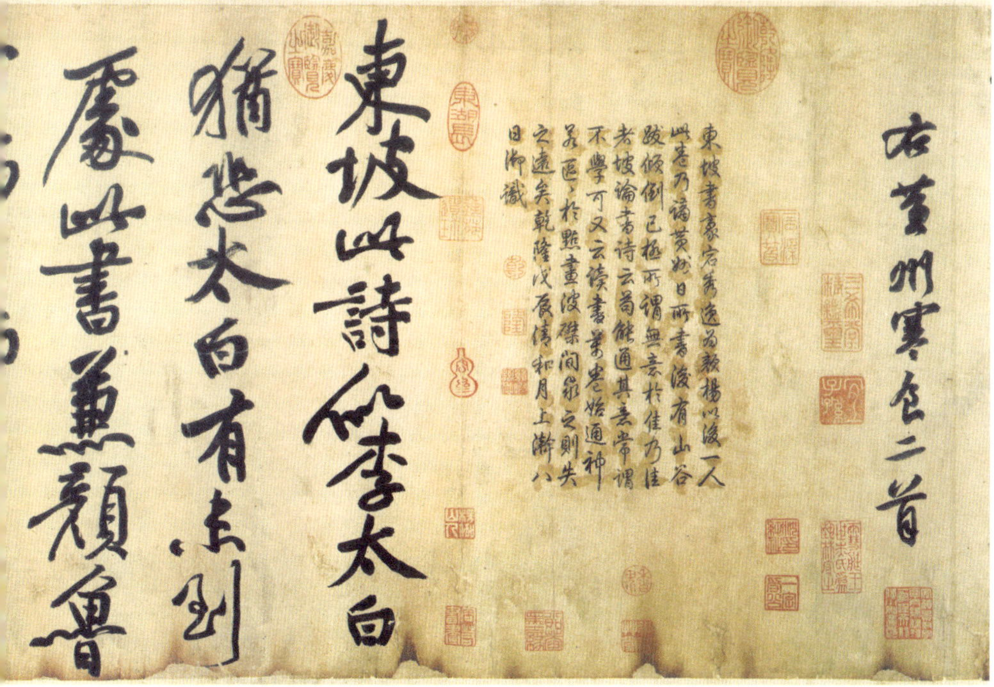

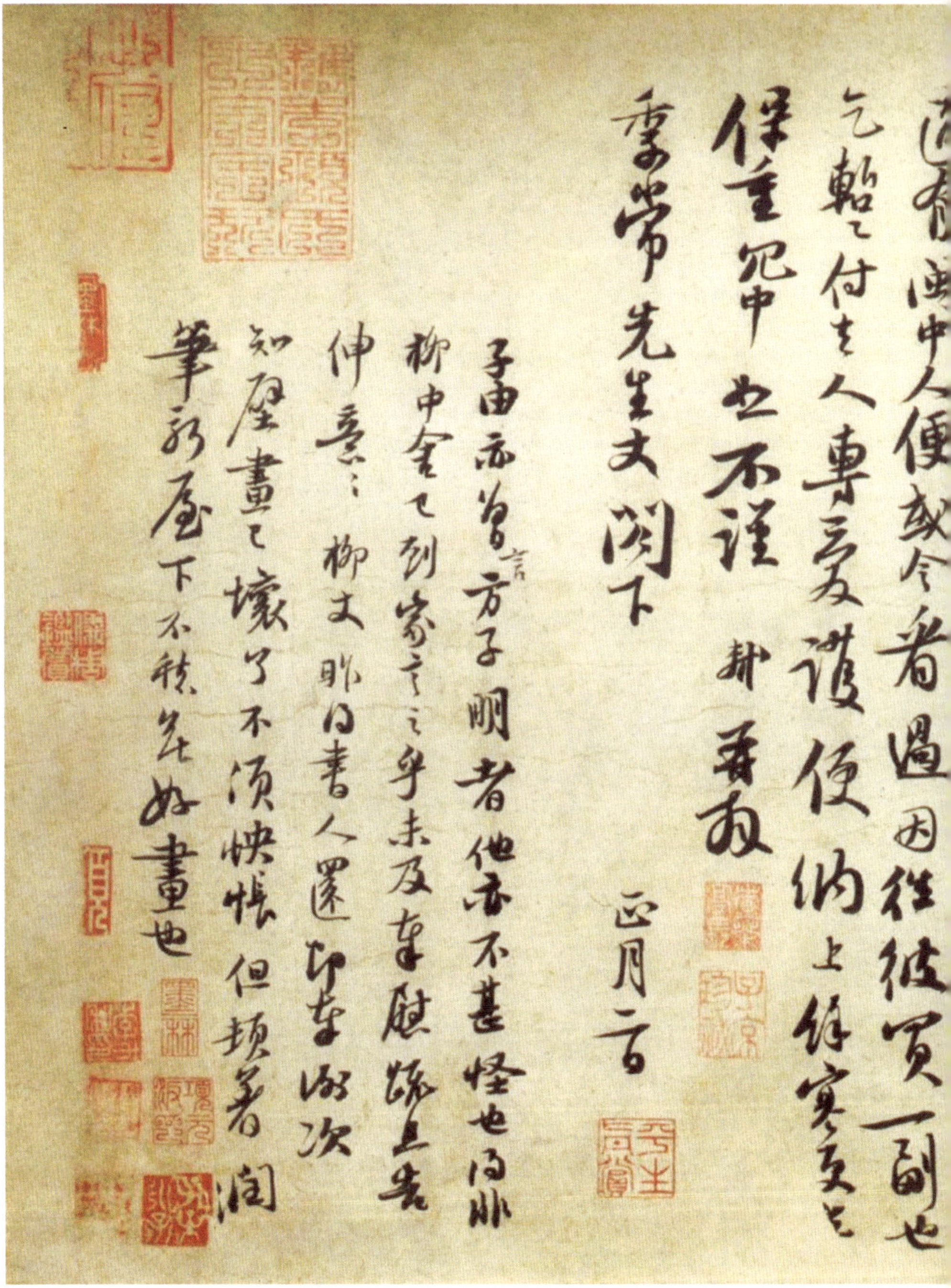

北宋苏轼书信

北京故宫博物院藏。由《新岁展庆帖》与《人来得书帖》组成，左为《人来得书帖》，右为《新岁展庆帖》，二帖裱于同一卷内，都是苏轼写给陈慥（季常）的书信。《新岁展庆帖》是约陈慥上元时在黄州相聚；《人来得书帖》是为陈慥的哥哥之死而写书信慰问。

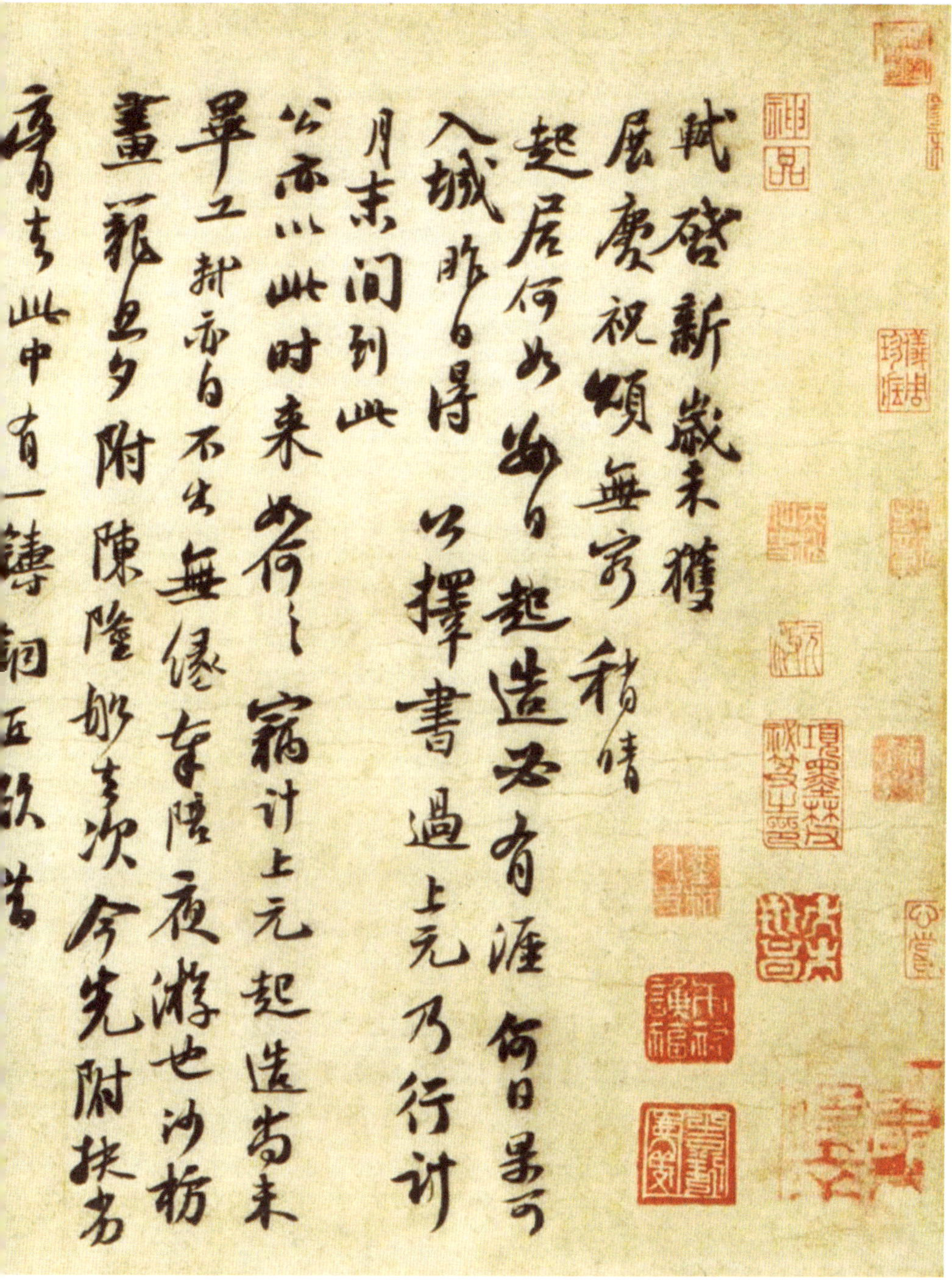

跟随自己多年的书童高俅送给了别人，好在后来高俅发迹后，并没有怠慢苏学士一家，每逢苏家子弟进京，他都问恤甚厚。后来，苏轼的侍妾朝云在定居惠州的第三年病故，这让苏轼伤心了很久。

为了解忧，苏轼更加醉心于美食与诗歌。在惠州，苏轼发明了烤“羊蝎子[1]”。当时，羊肉是有钱人吃的，苏轼吃不起，只好买人家不要的羊脊骨。取回家后，苏轼把羊脊骨煮透，再用酒浇在骨头上，放盐少许，用火烘烤，等待骨肉微焦后食用。他写信给弟弟描述，自称就像吃了海鲜。

初到岭南，苏轼不通粤语，把别人好心的提醒“一啖荔枝三把火”听成了“日啖荔枝三百颗”。岭南本来就湿热，苏轼吃东西又不忌口，经常吃肉喝酒，结果他患上了痔疮。患上痔疮的人原本应该忌口，可苏轼却不愿意失去品尝美食的机会，于是他便自己动手，发明了一款“东坡茯苓饼”。

公元1097年，60岁的苏轼再次被贬到海南儋州。在宋朝，放逐海南是仅比满门抄斩罪轻一等的处罚。但是，苏轼却将儋州当成了自己的第二故乡。

“我本儋耳氏，寄生西蜀州”。苏轼在这里办学堂，以致许多人不远千里，追至儋州，师从苏轼学习。在宋代一百多年里，海南从没有人考中过举人，进士就更不用提了。可是，苏轼北归不久，他在这里的学生姜唐佐就考中了举人，成为海南历史上第一个举人。为此苏轼题诗：“沧海何曾断地脉，珠崖从此破天荒。”

乌台诗案

“乌台诗案”发生于元丰二年（1079年），时任御史的何正臣，以“苏轼谢恩表实则讥讽朝廷”为由上表弹劾苏轼，御史李定曾也指出苏轼的四大可废之罪。这桩案件先由监察御史告发，后在御史台狱受审，所以被称作“乌台诗案”。所谓“乌台”，即御史台，因官署内遍植柏树，而柏树上又常有乌鸦栖息，故而称之为乌台。

〔1〕羊蝎子：即羊脊骨。

宋、元、明、清几代，海南共出举人 767 人、进士 97 人。人们一直把苏轼看作是儋州文化的开拓者、播种人，对他怀有深深的敬意。在儋州流传下来的东坡村、东坡井、东坡田、东坡路、东坡桥、东坡帽，等等，表达了人们的缅怀之情，连语言都有一种“东坡话”。

虽然苏轼一生多次遭贬，但每一次遭贬，都很乐观，都很豁达，都能看到明天，都能看到希望，为我们留下了传奇，这就是文人榜样苏轼。正如林语堂所说：“一提到苏东坡，在中国总会引起人亲切敬佩的微笑，也许这话最能概括苏东坡的一切了。”

尽忠报国的岳飞

公元 1127 年初，女真人建立的金政权占领北宋都城东京，宋徽宗、宋钦宗父子二人被掳去，导致北宋灭亡。同一年，宋徽宗第九子赵构在南逃途中重建宋朝，史称南宋，赵构便是宋高宗。

从宋高宗开始，九位皇帝先后掌权，维系南宋政权 150 余年。南宋政权之所以能够存续如此多年，首要功劳要归于岳飞、韩世忠、张俊、刘光世这“中兴四大名将”。在这“南宋中兴四大名将”中，最为著名的便是位列南宋“中兴四将”之首的抗金名将、军事家、战略家岳飞了。

尽忠报国志

说到岳飞，相信很多人的第一个问题便是：岳飞后背上的字，到底是“精忠报国”还是“尽忠报国”？想要知道这一问题，我们首先要了解岳飞小时候的故事。

公元 1103 年，岳飞出生于相州汤阴（今河南省汤阴县）。年少时的岳飞很有志气和抱负，勤敏好学，尤其喜欢研读《孙子兵法》和《左传》；还未到弱冠之年，他就能“挽弓三百斤，弩八石”，射箭能左右开弓；从他写的《小重山》等诗词来看，他的文学功底也很深厚。

公元 1122 年，19 岁的岳飞投军抗辽，被河北、河东宣抚参谋官刘韐（gé）

任命为“敢战士”中的一名分队长。后因父亲病故，丁忧守孝。公元1124年，岳飞的家乡受灾，为了维持生计，岳飞又前往河东路平定军（山西省平定县）投戎，被擢为偏校。

公元1126年，金军二度攻宋，时任河北兵马大元帅的康王赵构（日后的宋高宗）征召各路兵马以备勤王。刚刚从平定军突围回到家乡的岳飞意欲投军，但又担忧年迈的老母和妻儿的安全。深明大义的母亲姚氏深知儿子的远大志向，她并没有挽留儿子，而是多次勉励他男儿要为国尽忠、以忠为孝。出发之前，岳飞长跪在母亲面前，母亲毅然在他背上刺下了“尽忠报国”四个大字。

由此看来，“精忠报国”四个字其实是误传，岳飞后背上的四个字应该是“尽忠报国”才对。

岳飞这次投军后，归属于副元帅宗泽麾下，在此后与金军的较量中，岳飞每战皆捷，被升迁为修武郎。公元1127年，

岳飞（1103—1142年）

南宋抗金名将。率领岳家军同金军进行了数百次战斗，为宋朝收复了很多被金占领的失地，曾题诗：“靖康耻，犹未雪，臣子恨，何时灭！”将军岳飞主战，宰相秦桧主和，最后岳飞因“莫须有”的罪名而被处死。宋孝宗即位后，为岳飞平反，追谥武穆、忠武，封鄂王。

赵构称帝后，采取了避战南迁的策略，想要逃往扬州。岳飞不顾自己官卑职低，披肝沥胆，向赵构“上书数千言”，结果却惹恼了赵构，被逐出军营。

被逐出军营的岳飞并没有放弃“保家卫国”的志向，他渡河北上，直奔抗金前线北京大名府，投奔河北西路招抚使张所。张所很欣赏岳飞，便破格将其提拔为统制，隶属王彦部下。

为向金人乞和，宋高宗赵构刻意打压抗金力量：李纲罢相，张所被发配岭南，王彦、岳飞所部孤军被孤立在新乡。因战略意见不一，岳飞与王彦分道扬镳，率所部突围后，岳飞再次投奔宗泽。

公元 1128 年，金军再度大举南侵。岳飞率兵在汜水关大败金军后，再度被提任统制。这年夏天，老将军宗泽含恨离世，金军借机再次南侵，宋高宗赵构南逃杭州。由于继任的东京留守杜充不敢抵抗金军的进攻，开封也再次被金军攻陷。

战场露峥嵘

公元 1129 年秋，金军再次大举南犯。完颜昌进攻淮南，完颜宗弼（金兀术）进攻江南，直捣临安（今浙江杭州），企图一举灭亡南宋。马家渡之战后，杜充放弃建康，向金军投降。岳飞则脱离杜充，独自转战后方，先是顺利攻克溧阳，后又在广德境内六战皆捷，所属人马大大增加。

公元 1130 年，完颜宗弼所部金军决定回师。经过常州时，岳飞率部截击，四战皆捷。随后，岳飞主动出击，消灭大量金军。完颜宗弼放弃建康后，为占有运河通道，便转攻承州（今江苏省高邮市），完颜昌则率军从山东南下楚州（今江苏省淮安市）接应。宋高宗赵构诏大将张俊、刘世光援救，但二人托词不出，赵构只好急诏岳飞率兵保卫承州、援救楚州。

接到诏令后，岳飞轻骑先入泰州，但当时城中根本没有存粮，大江以南较近的平江府（今江苏省苏州市）、常州等地又已遭到金军严重破坏，无力

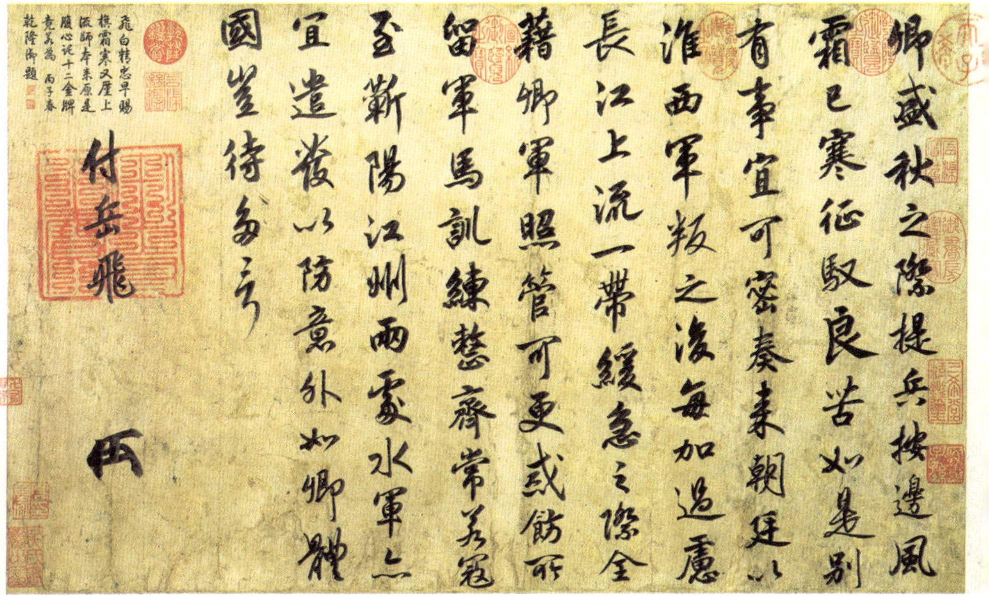

宋高宗赵构《赐岳飞批劄卷》

赵构即位初年，对大将岳飞十分信任，经常亲笔给岳飞写信，还赐“精忠报国”四字给岳飞，这封手札，是岳飞请辞官职时，宋高宗写给岳飞的。

供应军粮，岳家军将士连同家属共七万多人的饭食，以及上千匹战马的刍草，都没办法解决。

经过长途的转战奔袭，岳家军将士们的衣装弊旧，却未能按照规定，领取春装替换。时至深秋，寒风萧瑟，岳家军将士的冬衣也无着落。这不能不使岳飞为岳家军官兵的“赤露失所”而忧心忡忡。

当时尚不强大的岳家军只是一支孤弱无援之军，没办法完好地保护数十万当地百姓，岳飞只得下令，护送淮南各州百姓撤退至江南。在撤退过程中，金军穷追不舍，而友军刘光世部却“不动如山”，不给任何支援，这进一步加剧了岳家军的缺粮问题。军中粮草已尽时，岳飞亲自率领饥饿弱卒，以寡敌众，苦战多场，就只为给百姓断后，觅得一线生机。在一番浴血混战后，岳家军才成功将这几十万百姓护送回了江南。

此时的宋高宗赵构，开始正视岳飞的存在，立即将牛皋等所部拨归岳家军，并任岳飞为神武后军统制，使岳家军的兵力得到了扩充。

公元 1134 年，岳飞呈上《乞复襄阳札子》，提出收复被金军扶持的伪齐政权掌控的襄阳六郡（今湖北北部河南南部一带）的主张，得到朝廷许可。岳家军从鄂州（今湖北省武汉市）渡江开始北伐，历时三个月，只用三万五千人左右的兵力，就大败伪齐方二三十万人马，一举收复襄阳六郡。

收复襄阳六郡，岳家军便控扼了长江上游，东可进援淮西，西可联结川陕，北可图复中原，南可屏蔽湖广，具有重要的战略意义。此后，鄂州成为岳家军的大本营，岳飞也获得了节度使的头衔，成为独当一面的统帅，而岳家军则成为南宋诸军中最为重要的一支军队。

对于岳飞的抗金功绩，宋高宗赵构屡屡赞叹："国尔忘身，谁如卿者！""非一意许国，谁肯如此！"更是钦赐岳飞御书"精忠岳飞"，也正是从此时开始，"尽忠报国"才成了"精忠报国"。

"尽忠报国"，是岳母教导岳飞的家训、家风；而"精忠报国"，则是岳飞回馈中华民族的国训、国风。宋高宗赵构曾想为岳飞建造府邸，却遭到岳飞的拒绝，"敌人还没有被消灭，怎么能够建立自己的府邸呢？"有的人问天下什么时候太平，岳飞则说："文臣不爱钱，武臣不惜死，天下就太平了。"

三十功名尘与土

在扬名大宋之后，岳飞并没有停下自己"尽忠报国"的步伐。公元1136年，宰相兼都督诸路军马张浚命令岳飞进军襄阳，做好直捣中原的准备。当时恰逢母亲姚氏病逝，岳飞扶灵柩往庐山安葬，按礼法岳飞应为过世的母亲"丁忧"三年，宋高宗用"金字牌"降诏发往庐山命岳飞"起复"还军，岳飞只好"移孝作忠"，带兵出击襄汉，一举收复了汝州部分地区、虢州和商州全境以及洛阳周边的部分地区，得到了军粮十七万石外加战马一万多匹。

公元 1140 年夏，完颜宗弼分四路南下大举侵宋。完颜宗弼亲率主力攻入开封，完颜撒离喝攻陕西，李成攻西京河南府（今洛阳），聂黎孛堇攻宋之京东路。陕西战场和京东路战场，宋金双方僵持不下。最关键的中部战场，由完颜宗弼亲率主力，在李成所部协助下，和岳飞的“岳家军”展开较量。

在郾城之战中，岳飞以一万五千人（其中骑兵约八千）大破完颜宗弼所率的十余万大军（其中骑兵约一万五千），这是宋金战争中南宋方第一次以骑破骑的野战大胜利，金军一败涂地。完颜宗弼逃至开封西南的朱仙镇，双方再次交锋，金军全军崩溃。

就在完颜宗弼准备暂时退兵河北之时，有个北宋时的太学生却要求进见，他对宗弼说：“太子毋走！京城可守也！岳少保且退矣！”宗弼忙问：“岳少保以五百骑破吾精兵十万，京师中外日夜望其来，何谓可守？”太学生又说：“以愚观之，岳少保祸且不免，况欲成功乎？”

为什么这个太学生说岳飞免不了要遭逢大祸呢？这还要从此前岳飞提议立太子之事说起。

在公元 1137 年，岳飞得知金廷要放归扣押的宋钦宗之子赵谌还朝，在担心金廷干扰南宋时政下，岳飞便提议宋高宗早立养子赵瑗为太子。岳飞的这一提议让宋高宗很不高兴，他认为以岳飞的军职还不足以提议此事，且其提议有伤他的朝政，不利于他倡导、标榜的“迎还二圣”旗号。

这个事成了宋高宗心里的“一根刺”，如今见岳飞直抵朱仙镇，宋高宗担心岳飞直捣黄龙后“尾大不掉”

完颜宗弼

金朝第一位皇帝完颜阿骨打的第四子，又名兀术（zhú），在抗辽伐宋的战争中，屡立战功，曾在黄天荡大败韩世忠水师，但在与岳飞的交战中却少有胜绩。后以“先杀岳飞，方可议和”为条件，促宋高宗冤杀岳飞，割地求和，签订“绍兴和议”，迫使南宋向金称臣。

《中兴瑞应图》卷

明代，仇英摹本，纵33厘米，横723厘米。这幅画是南宋萧照根据曹勋写『瑞应诸事』一文，宋高宗赵构登基出现的祥瑞景象为内容绘制而成。

分庭抗礼，或者寻机谋反，便密令奸相秦桧以“十二道金牌”诏岳飞班师回朝。岳飞无奈返朝后，先被下狱，后被残忍杀害。一代抗金名将岳飞被害时，只有 39 岁。

岳飞在处境危难的情况下，联合抗金军民，保住了南宋的半壁河山，也保住了高度发达的中原经济和文化，并使之得以继续向前发展。

一代天骄成吉思汗

在中国历史上，有这样一位叱咤风云的人物：他戎马一生，不但统一了蒙古草原，而且还洗劫了欧亚诸国；有人说他是东方的战神，也有人说他是千年风云第一人；崇拜他的人赞美他是“全人类的帝王”，诅咒他的人说他是“黄祸”；毛泽东称他为“一代天骄”，美国《华盛顿邮报》1995年评选的“千年之最”，则将他列在榜首；他的故事，八百年来在许多国家传扬。这个引古今无数英雄竞折腰的人物，就是元太祖成吉思汗。

世人都知道，成吉思汗取得了很大的成就，但却没有多少人知道，他其实是白手起家的。在那样一个竞争激烈的时代，一无所有的成吉思汗，到底是靠什么从蒙古草原一步步走向世界的，这是每个历史爱好者都想知道的问题。

“精钢”铁木真

公元1162年，成吉思汗降生在蒙古乞颜部孛儿只斤氏的一个贵族之家，其父也速该是乞颜部首领，母亲原是篾儿乞惕部首领弟弟的未婚妻，却在娶亲路上被也速该抢来。成吉思汗出生那天，正赶上父亲率部攻打塔塔儿部凯旋，为了炫耀生擒两个部族首领和掠夺许多财物、牲畜的胜利，也速该索性把其中一个首领的名字——铁木真（“精钢”）赐给了自己的儿子。

铁木真的童年时代是在动荡中度过的。那时的漠北大草原，部落林立，

元太祖像（1162—1227年）

孛儿只斤·铁木真，1206年建立蒙古汗国，成为大汗，尊号『成吉思汗』。多次对外发动战争，意图扩张领土。1227年伐西夏、金时去世，后元世祖忽必烈追尊成吉思汗庙号为太祖。

为争夺草原、牧场、牲畜等，各部落互相苦斗、残杀。6岁那年，铁木真的父亲被塔塔儿人设计用毒药害死，父亲的部属纷纷脱离家族，并将百姓和牲畜强行带走，铁木真一家只得靠挖掘野菜充饥。

恶劣的生存环境在铁木真幼小的心灵中打下了深刻的烙印，同时也磨炼了他勇敢倔强、坚韧不拔的性格。母亲经常用祖先的荣耀来教育他，并勉励他长大后一定要重振家业，报仇雪恨。就在铁木真渐渐出落成一个魁梧英俊的少年时，有三次劫难却意外地降临到他的头上。

第一次劫难来自于他们家族的旧部属。脱离铁木真家族的泰赤乌部担心铁木真长大后会报仇，便对铁木真家进行突袭，铁木真幸得一位好心人的帮助，才顺利逃了出来。

第二次劫难来自于谋财害命的盗贼。在一个风雪交加的夜晚，一帮盗贼将铁木真家仅有的几匹马抢走。铁木真在与盗贼搏斗的过程中被射中喉咙，

元骑马武士陵

户县文物管理所藏。

元彩绘蒙古人驭马俑

河南省焦作市中站区许衡街道办东王封村出土，焦作市博物馆藏。

危难之际，一个名叫博尔术（zhú）的青年拔刀相助，赶跑盗贼，夺回马匹，救下了铁木真。在此之后，铁木真与博尔术结为安达（义兄弟），博尔术从此一直追随他。

第三次劫难来自于篾儿乞惕部的报复。篾儿乞惕部首领，为报当年之仇，率人突袭铁木真营帐，混战之中，铁木真逃进了不儿罕山，但妻子却当了脱黑脱阿的俘虏。

这三次劫难并未击垮铁木真，反倒增强了他要变强的心理。铁木真深知，要想在草原立足，就必须拥有实力。于是，他把妻子嫁妆中最珍贵的黑貂皮献给了当时草原上实力最雄厚的克烈部统领王罕。利用王罕的势力，铁木真不仅收拢了他家离散的部族，还击败了篾儿乞惕部，救出了妻子，这一胜利让铁木真名声大振，很多人都来投奔他。

胸怀大志的铁木真也格外注意笼络人心，比如在打猎时，他会主动把猎物分给邻近部落的人；在征战取胜后，每个参与者都能从战利品中分得一份；“下民”和奴隶如果立了功，就可以被提升到家臣之列。

凭借这一系列仁义之举，铁木真宽厚仁容的声名远扬，一批善治政事，勇于征战，严于宿卫，精于畜牧、司车、司厨的人才相继投奔到他的名下。公元1189年，铁木真被推举为几个部落的联合首领——合罕。

统一蒙古之战

仅仅成为几个部落的首领，并不是铁木真的最终志向，他要成为草原上所有部落的首领，要成为整个草原的“王”，为此，他并没有停下自己持续扩张的步伐。

此时的铁木真开始着手组建忠于自己的护卫军，而幼时的安达札木合却已经将矛头指向了他。公元1190年，札木合纠集了13个部落3万余人，向铁木真发起进攻。铁木真也动员了部众十三翼（即13个部落）3万人迎击。

此战最终以铁木真战败、札木合获胜收尾，但让人没想到的是，获胜的札木合却失去了人心。这是因为他把落入自己手里的人全部处死，对待部下也十分残暴。面对如此境况，札木合的部下也不得不担心起自己的命运来，思来想去之后，许多人都选择投奔铁木真，这大大增强了铁木真的实力。

公元 1196 年，铁木真主动攻打塔塔儿部，杀其首领。公元 1197 年至 1200 年，他战胜篾儿乞惕部，杀其首领。公元 1201 年，铁木真又灭了泰赤乌部。公元 1202 年，铁木真与克烈部统领王罕合力击败札木合联盟。公元 1203 年，铁木真与克烈部的统领王罕决裂，大败王罕父子。

初战，王罕虽被击退，但铁木真的损失也相当大。为了赢得喘息的时间，铁木真主动与王罕讲和。稍作休整后，又出其不意地袭击王罕的营帐，王罕父子在败逃中被杀死。

公元 1204 年，铁木真又征服了草原上仅剩的唯一一个可以与自己对抗的部族乃蛮部，这样，草原上最后一股反抗他的势力被荡平，塞外纵横数千里草原上的所有部族都对他俯首称臣。公元 1206 年，44 岁的铁木真在斡难河边的帐

正面“卒”

背面“持斧士兵”像

宋代青铜象棋子

直径 2.24 厘米，厚 0.19 厘米。正面刻写“卒”字，背面刻画一名扛斧士兵。长斧是宋代时士兵常用兵器之一。宋军作战时，常以长斧对抗辽、金、蒙的士兵，长斧作战时，具有一定的抵抗力和威慑力。

《元人射猎图》

纵 273 厘米，横 148 厘米，美国克利夫兰艺术博物馆藏。此画描绘的是元人野外狩猎的场景，画中元人各骑一马，各司其职。有的弓箭傍身，正在寻找猎物；有的手持刚刚猎得的猎物；有的策马狂奔追逐猎物。画面构图和谐，虚实有度。

千户制

成吉思汗在即位后，将蒙古部众划分为九十五个千户，开国有功的功臣将会被册封为千户那颜（首领）。千户制不仅改变了以往蒙古氏族、部落联盟自由结合的状态，还将各级那颜和牧民固定在特定的地域中，有力巩固了成吉思汗及其家族对国家的统治。

前大宴群臣，在万马嘶鸣和群情欢呼下，接受了各部落贵族的参拜，被尊称为“成吉思汗”（意为拥有海洋四方的可汗）。至此，一个统一的蒙古汗国就此诞生。

在统一蒙古草原后，成吉思汗开始稳固自己的政权，并着手准备对外扩张，跨上战马向着更为广阔的疆土进军。

在统一蒙古草原后，成吉思汗开始大封功臣，他创立了军政合一的千户制，先后任命了一批千户官、万户官和宗室诸王，建立了一个层层隶属、指挥灵活、便于统治、能征善战的军政组织。同时，他还扩充了一支由他亲自指挥的1万人的护卫军。经过一系列改革，成吉思汗建立了一支强大的武装力量，为对外征服战争做好了准备。

铁蹄遍踏亚欧

在成吉思汗统一蒙古草原之前，女真人建立的金王朝始终对蒙古族采取一种欺压、屠杀的政策，讨伐金王朝便成了成吉思汗对外扩张的第一步。但成吉思汗很清楚，在进攻金王朝之前，必须要小心西夏的偷袭，所以他决定先拿力量较弱的西夏开刀，在公元1205年至1209年分三次洗劫西夏，迫使对方纳贡，并同意附蒙伐金。

解决了西夏的威胁，成吉思汗开始着手伐金。公元1211年，成吉思汗亲自督师伐金。而此时的金国统治者正面临着内外交困的两难困境：一方面，要忙着治理黄河洪灾；另一方面，则要提防着无时无刻不想收复故土的南宋。

12 世纪末，黄河多地一再出现决口险情，河水淹没了大片地区，并引发了旱灾、蝗灾等次生灾害。这些受灾害影响的地方都是金国最肥沃、经济上最重要的地区。在大灾荒的影响下，许多农民流离失所，民众中不时发生骚乱。

被这些问题搞得焦头烂额的金国统治者，根本没有精力去对抗蒙古人。最终，虽奋力抵抗，金军依然招架不住蒙古军的铁骑，只得遣使求和，以其公主、金帛、马匹相赠。

成吉思汗班师北还后，似惊弓之鸟的金朝统治者迅速迁都汴京（今河南省开封市）。成吉思汗闻讯后，立即回师攻占了中都。随后不久，成吉思汗又出兵侵入高丽（朝鲜），使之称臣纳贡。

公元 1218 年，花剌子模（都城在今乌兹别克斯坦撒马尔罕）杀害了蒙古 450 名商人，成吉思汗派去交涉的使臣有的被杀，有的则被割去胡须，此事成为成吉思汗出兵亚欧诸国的导火索。

从公元 1219 年起，他率军经波

成吉思汗骑马图

佚名。途中描绘的是成吉思汗一手驭马一手持弓箭，向远方眺望的画面。

斯、伊拉克等地，绕过里海，越过高加索，击败札兰丁、古儿只、钦察和斡罗斯的军队，兵锋直抵克里木半岛。

公元1227年初夏，成吉思汗在出征西夏途中，不慎坠马跌伤。不久，又患上了一种热病。8月25日，成吉思汗病逝于宁夏清水县，享年66岁。

成吉思汗的去世并没有停止蒙古人征服的步伐，他的子孙们继续扩张着自己的领土，俄罗斯、乌克兰、罗马尼亚、保加利亚和匈牙利，这些地区都曾被蒙古人的铁蹄所践踏。即使后来蒙古人停止了征服的步伐，整个欧洲也依然对蒙古人谈虎色变。

当然，蒙古人的扩张也有一些积极的影响。庞大而统一的蒙古帝国再次激活了古丝绸之路的贸易往来，促进了中西方的文化交流，将欧亚大陆紧密地联系在一起。也正是这一条贸易线路的建立，才为马可·波罗来到中国创造了可能，在马可·波罗的介绍下，欧洲人对中国充满无限向往，这之后才有了大航海时代……

成吉思汗的一生是在戎马征战中度过的，他统一了塞外草原诸部落，改变了蒙古族的落后状态，使一个被人轻视、事迹不传的部族震撼了当时的世界；他具有卓越的政治谋略和军事才能，是创造蒙古历史的伟人。

抗元名臣文天祥

公元 1278 年 12 月，广东省海丰县北郊的五坡岭上，一群披头散发、衣衫褴褛的士兵被押解上船。面对海风，即将北上的他们内心更多的是悲恸与不屈。

在经过零丁洋时，一位身材伟岸的男子写下了那篇“留取丹心照汗青”的千古绝唱。每个人的生命都是有限的，在求生与舍生取义之间，他选择了后者。这个在南宋覆亡之后，毫不犹豫地拒绝投降，选择杀身成仁的人就是抗元名臣文天祥。

说到文天祥，我们都知道他是抗元名臣、民族英雄，也很熟悉他的那首《过零丁洋》：“辛苦遭逢起一经，干戈寥落四周星。山河破碎风飘絮，身世浮沉雨打萍。惶恐滩头说惶恐，零丁洋里叹零丁。人生自古谁无死？留取丹心照汗青。”

“文官”文天祥

文天祥，公元 1236 年 6 月 6 日出生在今江西省吉安市，年轻时的他可谓一介“白面小生”，就连惜字如金的正史，都不惜笔墨地描写他的外貌：“体貌丰伟，美皙如玉，秀眉而长目，顾盼烨（yè）然。”所谓相由心生，样貌过人的他自然也立下了远大的志向。

宋理宗赵昀（1205—1264年）

南宋第五位皇帝。权臣史弥远死后亲政，亲政之初厉行改革，后期，又沉浸于荒淫生活中，荒废朝政。致使朝政落入奸相之手，国渐衰落。

在其他小孩还只顾着玩耍的时候，他就已立下大志：要成为忠臣。并说如果不能位列其中的话，就不是大丈夫。立下此志之后，文天祥一心研读诗书，并在二十岁那年考中当地贡士。如此一来，他获得了参加殿试的资格，这距离他迈向仕途、成为一名重臣的理想可谓是又近了一步。

当时已经处于宋理宗执政中后期，在位近三十余年的他已心生倦怠，开始荒于政事，朝堂之上也无人敢进谏。但正所谓初生牛犊不怕虎，文天祥在殿试上便给了宋理宗“当头一棒”。

文天祥以“法天不息”为题，在不打草稿的情况下，洋洋洒洒写了一万多字，把当时的朝政痛批了一番。奇怪的是，宋理宗看到此文之后不仅没有震怒，反而被深深震撼，也许是年年看到官样文章，早已厌倦，而此时竟能看到如此出彩的文章，大喜之下，宋理宗便钦定文天祥为第一名。

既然是靠写文章得了状元，那文天祥为什么后来又成了一名武将呢？这就要从他考上状元之后的经历说起了。

在考取状元后不久，文天祥的父亲便去世了，按照旧制，他需要守丧三年，就这样直到三年后，也就是公元1259年，文天祥才正式入仕，担任宁海军节度判官一职。

同年，蒙古军队南下，南宋朝廷上下震动。宋理宗与群臣商量对策时，宦官董宋臣进言迁都一事。此言一出，朝廷百官几乎无人敢表示反对，只有文天祥提出了反对意见，并说要诛杀董宋臣，来稳固人心。后来在钓鱼城一役中蒙哥战死，南宋才得以化险为夷。

不过文天祥并没有就此放弃进谏，他依旧直指董宋臣的各种罪行。但文天祥的劝谏石沉大海，董宋臣不仅没有被免职，还升了官。此后，文天祥又将讽谏的矛头直指当朝宰相贾似道，但贾似道的权力远在董宋臣之上，文天祥很快就遭到罢免。不久之后，37岁的文天祥援引钱若水的例子致仕。

蒙哥

孛儿只斤·蒙哥，大蒙古国大汗，元太祖成吉思汗之孙，元世祖忽必烈长兄。即位前曾参与蒙古军西征，即位后主要致力攻灭南宋、大理。1259年进攻四川时于合州钓鱼城病逝，他的去世不仅延缓了南宋灭亡的进程，同时也导致蒙古军的第三次西征被迫中止。因死前未确定继承人，还引发了其弟忽必烈与阿里不哥的继位之争，最终导致大蒙古国分裂。

“武将”文天祥

公元1275年，蒙古军队再次大举南下，临安告急。朝廷忙发布告令，号召天下的兵马来救援。担任江西赣州知州的文天祥接到诏文后，立即散尽家财聚集了万余名士兵准备勤王。其间，有人对他好言相劝：“赶到临安就是羊入虎口，为何不明哲保身？”但文天祥却说：“如今朝廷危急，我为国效力，所做之事并不是为了自己，而是希望能起到一个带头的作用。希望天下有识之士知道之后，能共保天下社稷。”

当年秋，文天祥到临安，并担任平江府（今江苏省苏州市）知府，协助拱卫京师。就这样，状元文天祥变成了一名保家卫国的“武将”。

公元 1275 年冬，蒙古大军进攻常州，文天祥率兵救援。尽管宋军英勇作战，但终不敌蒙军，常州失守，文天祥的部队仅余 6 人，只得退守余杭。

在中国大约 1300 年的科举史上，一共产生过 596 位状元，其中有 45 人由状元而官至宰相，即为状元宰相。元朝大军逼近临安城外的皋亭山，在敌兵的震慑之下，比文天祥早 12 年（公元 1244 年）考中状元的左丞相留梦炎开溜了，紧接着，右丞相陈宜中也脚底抹油逃跑了。

临安城内的凤凰山皇城中，此时几乎无人来朝，只有憨直的文天祥和少数一些官员，还毕恭毕敬地伺立在老迈的太皇太后谢道清，以及 5 岁的宋恭帝赵㬎（xiǎn）左右。无人可用的太皇太后只得任命文天祥为右丞相兼枢密使，全权负责与城外元军主帅伯颜的谈判事宜。

当时，临安城陷落只是时间早晚的问题，身为元军统帅兼宰相的伯颜志在必得，可让他没想到的是，那位在南宋危亡之际出任宰相的文天祥，竟然敢跟他抗争辩论。恼怒之下，伯颜下令将文天祥拘押起来，这一天是公元 1276 年农历正月二十四日，十余天后，二月初五，南宋朝廷在临安向元军投降。

与 149 年前经历靖康之耻灭亡的北宋一样，南宋也已接近穷途末路，但大厦将倾，却仍有人在力撑危局。为拱卫赵宋帝国最后的血脉，礼部侍郎陆秀夫在南宋朝廷投降元朝之前，秘密护送着赵宋皇族最后的血脉——7 岁的赵昰（shì）和 5 岁的赵昺，出走福州。公元 1276 年夏，陆秀夫和赶来护驾的张世杰一起，在福州拥立赵昰登基，是为宋端宗。

元军虽然占领了临安，但还有许多地方尚未攻克，伯颜便希望利用文天祥，劝这些人投降。但伯颜劝降说辞遭到文天祥的严词拒绝，无奈之下，伯颜只得将文天祥押往大都。行至镇江时，趁守军不备，文天祥得以逃脱，此后又历经九死一生辗转来到福州。很快，他组织起军民在福建、江西等地抗击元军。

《信国公文天祥遗像图》

钱选绘。『公之正气充塞四维，公之节义金石争奇。铁骨冰魂可方其姿，遥遥墨胎一源同归』。南宋末文学家、抗元名臣，与忠臣陆秀夫、张世杰二人并称为『宋末三杰』。南宋末，文天祥战败被元军俘虏，从容殉国。

一片丹心照汗青

公元 1278 年，宋端宗去世，张世杰、陆秀夫等人拥立赵昺为帝，并移驻崖山。文天祥移兵潮阳（在今广东省汕头市），以作为崖山的支援。这年底，元军进攻潮阳，文天祥向今天的广东省海丰县一带撤退，在五坡岭休整时，被突然出现的金军抓获。

公元 1279 年，元军在张弘范的带领之下进攻崖山。为了让张世杰投降，张弘范让文天祥写信给张世杰，文天祥拿出此前在路过零丁洋（现在广东省珠江口外）时写好的《过零丁洋》一诗给张弘范看，张弘范被深深折服，对他礼遇有加，准备将他送往大都听候处理。

陆秀夫和张世杰率领着残余的十多万南宋军民，与元兵在崖山展开了最后的战斗，最终惨败。面对重重包围的元兵，不愿屈服投降的陆秀夫，毅然背着 8 岁的宋帝赵昺投海自尽。在飓风中，张世杰也跳入滚滚波涛之中，追随那个他为之奉献所有的王朝而去。

崖山被攻克之后，元军押着文天祥继续北上。到了大都之后，元军对文天祥礼遇有加，有美食佳酿，好吃好喝地招待，但却遭到文天祥的拒绝。无奈之下，元军只得将他关入大牢，虽然将文天祥关入大牢，但元朝廷还是希望他为朝廷效力。

这之后，元朝的正副丞相都曾来劝降过文天祥，但都遭到文天祥的拒绝。在与元朝丞相的对话中，文天祥说："一个人对待国家，就像对待父亲一样，明知父亲病入膏肓无药可救了，但能眼睁睁地看着父亲死去，不给他服药吗？这无非是尽心而已。救不了，那只能怪天命了。"元朝丞相听了之后，漠然离去。

元朝统治者无计可施，只能叫出宋朝投降的人员前来劝降，但他们也无

传宋文天祥玉带生砚

上署文天祥，下清高宗御铭。

《元世祖驭马图》

元，刘贯道。绘的是元世祖骑马狩猎的场景。元世祖忽必烈在广阔无垠的荒漠上，着裘衣，骑白马。

一例外，全都碰了壁。就连已经投降的南宋皇帝赵显也来劝降，文天祥也只是对他说了简简单单的几个字：“陛下，请回吧。”没办法，文天祥又被关进了环境更加恶劣的监狱里。就这样，文天祥在监狱里待了三年，并完成了流传千古的《正气歌》。

公元 1282 年底，元朝廷得到消息说有人起事，要救文天祥。只得一边将赵宋宗室转移，一边继续劝降文天祥。这一次的劝降由元世祖忽必烈亲自出面。对忽必烈，文天祥也是毫不屈服，并说忠臣不事二主，现在自己只求一死。眼见劝降无望，忽必烈只好下令将文天祥处斩。公元 1283 年 1 月 9 日，文天祥从容不迫地走向刑场，他对着临安方向，决绝地行了最后一次跪拜礼。文天祥被处死时，年仅 47 岁。

在中华民族的历史上，像文天祥这样的人并不少，他们在面对国家危亡之际，挺身而出，试图以一己之力挽救危局。他们知道自己的结局可能是悲剧性的，但他们依然抱着一腔爱国之志舍生忘死。他们坚贞的品格深深影响着后人，中华民族也正是因为有这样一批人的存在才能生生不息。

开国皇帝朱元璋

元朝末年，政治腐败，赋役沉重，灾荒不断，各种矛盾日益尖锐，最终引发了元末农民起义。在农民起义的洪流中，涌现出了许多骁勇善战之人，这之中有一位讨饭出身的小和尚，他在农民起义的队伍中不断积蓄力量，最终不但推翻了元朝的统治，还一统了整个中国。这位和尚出身的皇帝，就是大明王朝的开创者明太祖朱元璋。

讨饭出身

公元 1328 年，朱元璋出生在濠州钟离（今安徽省凤阳县）的一个贫苦农民家庭。因在家族兄弟中排行第八，所以叫朱重八。其父为朱世珍（原名朱五四），母为陈氏，世代都是普通农民。由于家里特别贫困，他从小便没有读过书，只能靠替地主放牛为生。

元朝末年朝政极其腐败，元朝廷把人分成四等，南方的汉人是最低等的，不仅赋税徭役繁重，而且生命轻如芥草，可以被蒙古人肆意杀害。公元 1343 年，濠州发生旱灾，饥荒、瘟疫接踵而至，父母兄长病亡，朱元璋只好剃度出家乞求活命，可这样的年景，寺庙里也养不活人，朱元璋只得离开寺庙，开始了居无定所的流浪生活。

艰苦的流浪生活，铸就了朱元璋坚毅、果敢的性格，但也使他变得残忍、多疑，这段生活经历对朱元璋的一生产生了深远的影响。朱元璋在外云游的三年，也正是元末农民起义风起云涌的时期，社会上广泛流传着“明王出世，普度众生”的说法，北方的白莲教也在进行同样的宣传，朱元璋或多或少也接触到了这样的宣传，心中萌生了“造反”的念头。

公元 1351 年，韩山童、刘福通在颍州揭竿而起，号称“红巾军”，韩山童被推为“明王”。接着，徐寿辉起于蕲州，李二、彭大、赵均用起于徐州，几个月之间，各地纷纷响应，农民起义已成滔天大势。

第二年正月，定远富豪郭子兴联合孙德崖等人起兵于定远、钟离一带，数万百姓自发响应。起义军攻下濠州后，郭子兴自称元帅。此时，朱元璋收到儿时伙伴汤和的信，便前去投奔郭子兴的义军。这一年，朱元璋 25 岁。

因作战勇敢、机智灵活、粗通文墨，朱元璋很快便得到了郭子兴的赏识，被郭子兴调到身边当差。郭子兴虽然赏识朱元璋，又把养女马氏（明朝开国第一任皇后马皇后）嫁给了他，但他却始终不信任朱元璋。

公元 1353 年夏，朱元璋以红巾军将领的身份，回到家乡安徽凤阳募兵。这次他一共招募到七百多名青壮年兵丁，看似人数不多，但对朱元璋来说却意义非凡。当时的朱元璋并不受红巾军信任，处处受排挤，带着自己的军队打过几场胜仗后，朱元璋在红巾军中的地位也节节攀升，但却依然会受挤对。

在转战定远时，朱元璋从这支七百人的队伍中挑选了 24 名亲信随行，徐达、常遇春等后来的开国名将都位列其中。朱元璋带着这 24 人招兵买马，在公元 1355 年郭子兴过世时，他已经拥有了数万军马，坐拥和州、定远等地，并趁元王朝麻痹大意时乘机攻克了南京。

高筑墙，广积粮，缓称王

大明王朝后来争雄天下的本钱，就这样打下来了。从揭竿而起到拥兵数万，朱元璋是如何做到的？这就要说说朱元璋“高筑墙，广积粮，缓称王”

的策略了。

从招兵买马开始，朱元璋就一直奉行谋士朱升提出的“高筑墙，广积粮，缓称王”策略，不与他人争风头，只顾闷头谋发展。

第一步，高筑墙。朱元璋在和州时，便积极筹谋军队，安抚民心，短短几年就获得了十万兵力。此时的他虽有兵力，但占有的地盘却很少，而且四面受敌，东面和南面是元军，东南是张士诚，西面是徐寿辉，虽然同是反元武装，但是张、徐二人同朱元璋却相互敌视。不过，北面小明王韩林儿、刘福通率领的红巾军主力，大大牵制了元军，张士诚、徐寿辉的力量则不足以兼并朱元璋。这样一来，朱元璋便获得了一个较好的发展机会。

第二步，广积粮。行军打仗，粮食是最重要的，朱元璋军队中的粮食一开始都是打仗强行征收的，这与他安抚民心的目标是不一致的。当时的强征是迫不得已，现在自己有了一席之地，想要夺取天下，就必须获取民心。于是，朱元璋开始大力推行军队屯田，让诸将都参与劳作，同时还大修水利设施，减轻百姓赋税，整治官吏不良之风，短短几年时间，便储备了充足军粮，收获了大

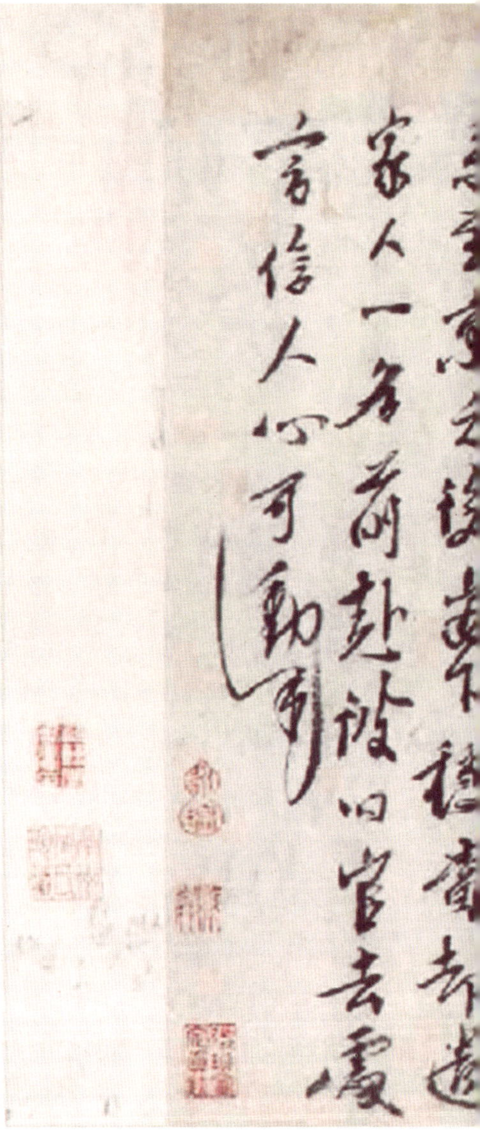

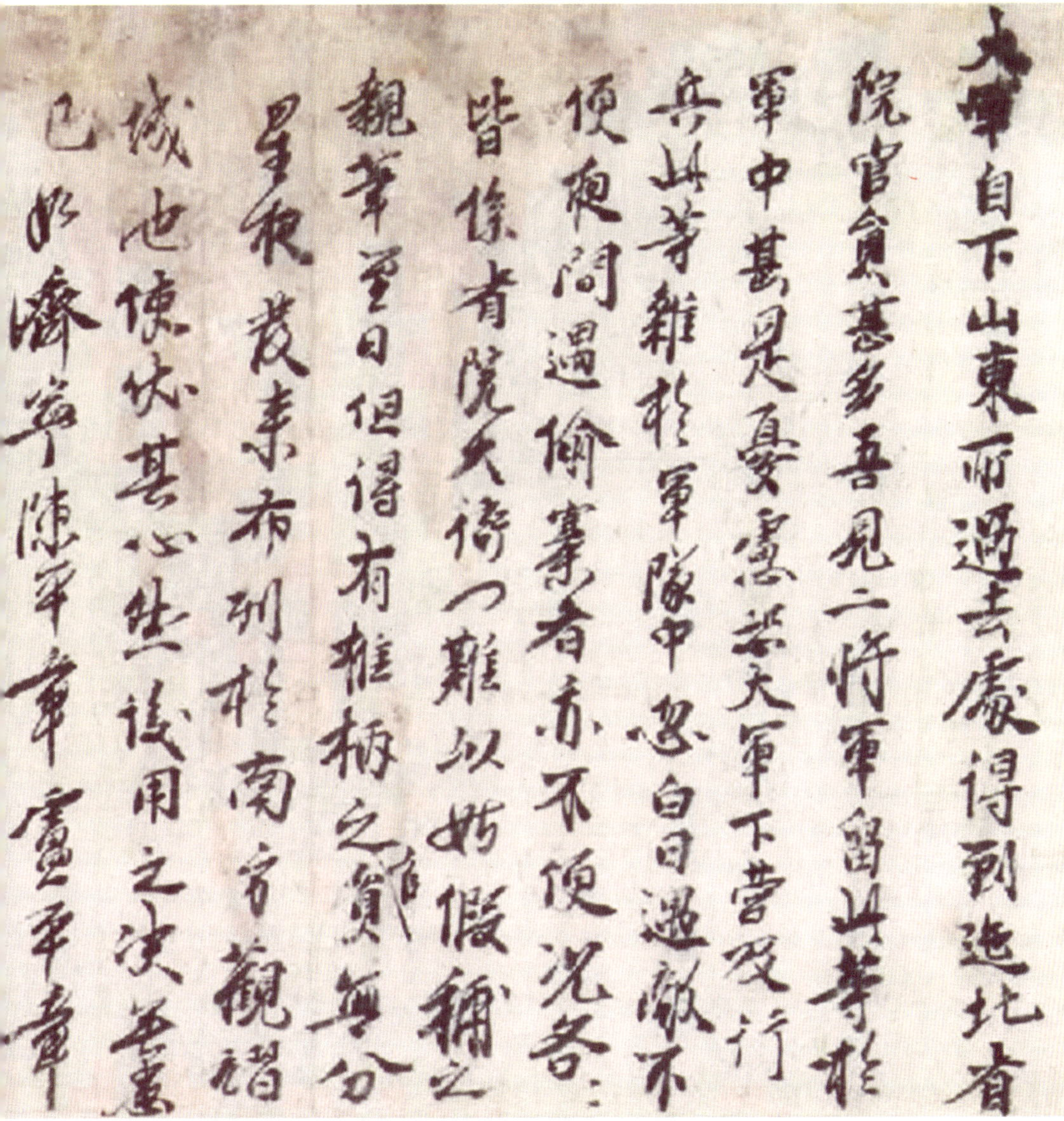

《大军帖》

明，朱元璋书。纵 33.7 厘米，横 47.4 厘米，行书，169 字。北京故宫博物院藏。此帖是朱元璋写给部将的一封关于如何妥善安置元朝官吏的信。

片民心。在安抚普通百姓的同时，朱元璋还广泛招揽谋士，展现出自己创建新王朝的决心。

第三步，缓称王。朱元璋占领南京应天府后，当时的中华大地其实是“四方鼎立”的：北方是以中央政府自居，占有中原以及蒙古草原和西域的元王朝；南方除了占有淮西以及南京的朱元璋外，还有占有湖北荆襄平原的陈友谅，以及表面向元朝称臣、其实却占据苏南地区割据自立的枭雄张士诚。

在这四个政权里，朱元璋不但是力量最弱的，而且还是处境最危险的，他的地盘正夹在其他三家中间。论军队实力，他比不上陈友谅；论经济实力，他比不上张士诚，即使能够打败张士诚和陈友谅，若想统一天下，他还必须要战胜元王朝，也就是要打败当时天下最强的骑兵——蒙古骑兵。

凶险的局面外加强悍的对手，迫使朱元璋必须要尽快组建一支强大的军队。在很长一段时间里，明朝军队都像一群“散兵游勇”，缺乏战斗力，其真正摆脱“流寇”形象，实现脱胎换骨，并成功升格为“国家军队”，还是在公元1360年，因为在这一年朱元璋遇到了早已声名在外的浙东大儒刘伯温。

这一年是刘伯温第一次受朱元璋邀请，到朱元璋麾下效力，谈话中，朱元璋提出了一个困惑自己很长时间的问题：为什么天下义军这么多，却屡起屡灭，始终难以成事？

刘伯温认为，天下义军屡起屡灭是因为农民起义有“九恶”：

一恶：不敬孔孟，亵渎圣人之道，败坏天理人伦；

二恶：攻伐无度，形同流寇；

三恶：时降时反，相互猜疑；

四恶：粮饷不能自足，临阵不知兵法；

五恶：掠人妻女财产，只知取之于民，而不知养于民；

六恶：为将者心胸狭隘；

七恶：为士者缺乏训练，作战形同群殴；

八恶：胜时聚集，败时作鸟兽散；

九恶：此义军与彼义军之间，相互猜疑，互相攻伐。

在刘伯温看来，这“九恶”如果不消除，那这群义军便与草寇流贼没什么区别。听了刘伯温的解释，朱元璋如获至宝，马上对军队进行了极具针对性的改革。

在确立了22条军规的同时，朱元璋在南京公斩了22名犯事军官，一时间震慑全军。之前的明朝军队虽然阵容庞大，但制度松散，管理疏散，可以说是草台班子；改革之后的明朝军队有了自上而下完备的军事制度，以及条令森严的军规。完成改革后的明朝军队战斗力大增，朱元璋便采取各个击破的方法，先击败了陈友谅，后又消灭张士诚、方国珍等人，最后与蒙古人展开决战，一统全国，建立了大明王朝。

打江山易，守江山难

打江山容易守江山难，通过军事改革打下了江山，朱元璋还要继续推进改革来守住大明的江山。为此，他主要采取了以下几种措施：

第一，发展经济，保障民生。明朝建国伊始，朱元璋便实行了发展生产、与民休息的政策，下令农民归耕，奖励垦荒；大搞移民屯田和军屯；组织各地农民兴修水利等。这之中，最主要的是规定农民有田五至十亩的，必须栽种桑、棉、麻各半亩，田十亩以上者加倍。

朱元璋深知灾荒给农民造成的痛苦，即位后常常减免受灾和受战争影响地区农民的赋税，有时还会给以救济。在这些措施的推动下，百姓的生产热忱高涨，明初农业也得以迅速发展，农民生活稳定了，手工业和商业也获得了相应的发展，大明王朝的早期统治也算是稳固了下来。

《太平乐事》册

明，戴进。画册共十开，描绘：婴戏、骑牛、捕鱼、文娱、戏耍、试射、耕罢、观戏、木马、牧归主题，通过不同阶级的人民的一些生活日常来展现社会安定，百姓安居乐业，赞扬“盛世太平”之景象。戴进是明代明宣宗宣德年间的宫廷画师。

婴戏

骑牛

捕鱼

文娱

戏耍

试射

耕罢

观戏

木马

牧归

第二，大刀阔斧，整顿贪腐。朱元璋即位后在全国掀起了“反贪官”运动，矛头直指中央到地方的各级贪官污吏，在他当政的31年间，曾先后发起6次大规模肃贪，杀掉贪官污吏15万人。

尤其重要的是，他敢于从自己身边的“高干”动手，公元1385年，朱元璋查出户部侍郎郭桓及其手下与各地到中央缴纳课税的官员结成贪污团伙，采取多收少纳、捏报侵欺手段贪污国库物资折合粮食达两千四百万石。他并没有姑息养奸，而是将这些贪官统统处死，各省、府、县牵连人员无一幸免，一时几万贪官人头落地，真是大快人心。

朱元璋从社会最底层的放牛娃、四处讨饭的小和尚，靠自己的奋斗成了一位统一王朝的开国皇帝。这在中国历史上，乃至世界历史上都是少有的事情。他在位三十多年，成功地稳固了大明王朝的江山，为后世子孙留下了一个强大而统一的明帝国。

七下西洋的郑和

朱元璋建立大明王朝之后，鉴于历代宦官之祸，特意铸了一块铁牌，明确规定“内臣不得干预朝政”。这里的内臣，就是我们通常所说的宦官，明清两代也叫太监。但是在明成祖朱棣（年号永乐，庙号成祖，埋在长陵）统治时期，宦官不仅得到重用，而且成为帝王宣威海外的“形象代言人”。

公元 1405 年至 1433 年，明朝曾派遣大规模的舰队七下西洋。领导这七次海上远征盛事的就是中国古代航海家，被称为“三宝”太监的郑和。

元朝时的“西洋”，主要指印度南部沿海地域；到了明朝永乐年间，“西洋”一词所涵盖的地域进一步扩大，当时大概是以如今东南亚的加里曼丹岛（元代称浡泥）为界，以东称东洋，以西为西洋。郑和船队所活动的地区都在爪哇岛以西，所以是下“西洋”。

“三宝”太监郑和

郑和原本姓马，云南人，可能是在元朝征服云南后，从西域来到云南的。公元 1381 年，明朝派兵平定云南，打败了元朝在这里的驻军。郑和作为一个被俘虏的幼童，被带回南京做了太监。14 岁时分配给了燕王朱棣，做了个侍童，此后或因立有战功才被赐名郑和。

在随后发生的燕王朱棣与侄子朱允炆争夺皇位的“靖难之役”中，郑和

因功升任为负责管理宫人的内官监太监，官至四品。相传郑和“身高七尺，腰大十围，耳白过面，齿如编贝，行如虎步，声音弘亮”，能言善辩，非常机警，同时又为人谦和。也有记载说他“有智略，知兵习战”，因为跟着朱棣打过仗，所以也略懂些行军打仗之事。

郑和下西洋的规模之大是十分惊人的。南京宝船厂建造的大船称为宝船，相当于大型舰队中的旗舰，是整个船队的主体船舶；这些宝船有自己的船号，总共多达62个船号，最大的宝船长四十四丈四尺，宽十八丈，高达四层，可容纳乘员上千人；船上有9桅可以悬挂12张帆，铁锚就有几千斤重。

如此巨大的舰船，在世界木船制造的历史上已经是登峰造极的水平，在当时简直就是航空母舰一般的存在。不仅如此，郑和统领下西洋船队的人数也是规模庞大的，足有两万七千人以上。各类人员专业种类齐全，分工细致明确，军事人员，船务人员，维修人员和通事、买办、书算、医士等各类办事人员一应俱全。在第四次航海中，医官、医士就达到180名，平

明成祖朱棣（1360—1424年）

民国，杨令茀摹本。朱棣，明太祖朱元璋第四子，原为燕王，后通过发动『靖难之役』从侄子建文帝朱允炆手中夺位。年号『永乐』，谥号『文皇帝』，庙号太宗，后改『成祖』。

内官监

明代宦官组织共分为十二监、四司、八局，内官监为十二监之一，主要掌管木、石、瓦、土、塔材、东行、西行、油漆、婚礼、火药十作（官营手工业作坊），以及米盐库、营运库、皇坛库，明初时在十二监中地位最高，其掌印太监为正四品衔，是明初内官之首。

均 150 个乘员就配备一个医生，这种比例在 15 世纪可以说是空前的，放到如今也算是很高的配置了。从这里也可以看出，郑和船队对于士兵健康是非常重视的。在几次航海中，郑和船队还运用了被称为“牵星术”的天文定位方法以及罗盘和具有计程、测深等功能的航海器材。

关于朱棣为什么要派遣郑和下西洋，流传下来的说法有很多，其中流传较广的一个是去寻找建文帝。在发动“靖难之役”、攻进南京、从自己侄子建文帝手中夺取政权后，朱棣并没有找到建文帝本人或是他的尸体。有人推测建文帝是南下避难了，也有人推测他是流亡海外了。

朱棣登基后，生怕别人说他是乱臣贼子篡位，所以他要找到建文帝让他让出帝位，或者说是找到建文帝的尸体，让自己得以名正言顺地继承帝位，只有这样才能巩固他的统治，并且与周边邻国建立友好的关系。

但从郑和船队如此大的规模，以及其携带大量中土特产和财物沿途赠送给南亚和东南亚国家来看，朱棣的目的应该不只是寻找建文帝这么简单，他还想要趁机笼络周边国家，让对方了解大明朝已经换了新皇帝的同时，也让以往与明朝失去联系的海外国家重新与明朝建立外交关系，最主要的便是宣扬大明朝的国威，让海外小国纷纷前来遣使奉献。

七下西洋宣国威

公元 1405 年夏，明成祖朱棣派郑和为使者，率领一支船队驾驶 62 艘宝船，配置中等的马船和较小的粮船、坐船和战船，总共 200 多艘船舶，浩浩荡荡从苏州太仓浏家河出发，经过福建沿海南下。

郑和第一次下西洋到达了今天的越南、马来西亚、印度尼西亚、文莱、印度和斯里兰卡等地。每到一个地方，他都先将明成祖的信件交给这些国家的国王，并且送上带去的礼物。这些国家看到如此庞大的明朝船队，而且态度又很友好，便都热情接待了郑和。

当郑和船队在到达爪哇岛时，却遇到了一些麻烦。爪哇岛位居南洋要冲，是如今印度尼西亚的政治、经济和文化中心。当时岛上有个麻喏巴歇国，这个国家的东王和西王正在打内战，当郑和船队的人员离船登岸，到当地集市上做生意时，却被西王的军队误以为是来援助东王的，他们向毫无防范的明朝船员发起攻击，杀死了许多船员。这时郑和部下的将领纷纷要求向麻喏巴歇国宣战，进行惩处报复。误杀事件发生后，西王也十分惧怕，连忙派出使者前来谢罪，并且主动提出赔偿六万两黄金。

考虑到一旦大开杀戒，沿路西洋各国就会对明朝产生恐惧，担心船队前来的目的是侵略，这样就会影响此番下西洋任务的完成，而且对方是在不知情的情况下才发生了误杀，所以郑和便上奏明成祖，提议和平处理这一事件。后来朝廷决定放弃对麻喏巴歇国的赔偿要求，西王知道以后，感激不已，从此便与明朝和睦相处。

在宽容忍让的同时，对于那些图谋不轨，企图对船队发动攻击的势力，郑和还是果断进行了回击。在第一次下西洋回航时，船队来到苏门答腊岛南部的旧港，这里生活着许多中国侨民。海盗头目陈祖义看到郑和庞大的船队，认定船上必定有宝物，他先是率部投降，后又组织海盗前来偷袭。郑和早已得到当时旧港广东侨领施进卿的报告，采取火攻的战术，烧毁海盗船 10 艘，捕获 5 艘，剿灭海盗 5000 余人。陈祖义也被郑和活捉，在被押解回京后处斩。

郑和船队回国途中，西洋各国的国王都派出使节，带着礼物跟着船队回访明朝。回国后，明成祖见郑和首次出使西洋，促进了与各国的往来，提高了明朝的威望，成效显著，对郑和此行非常满意。

归国没有多长时间，郑和便开始进行第二次远航的准备。公元 1407 年冬，船队出发，二下西洋，这次航行要送上次随船队来中国的外国使节们回国，同时还要多去一些此前并未去过的地区探访。

前三次下西洋航行，郑和船队最远都只到达了今天印度的西南部。由于人员和船舶众多，下西洋往返一次往往要几年时间，后勤保障是首要的问题，如何安排钱粮供应，物资的存放等都是大事，在多番考察后，郑和选择了满剌加（马六甲）作为船队汇合的基地。

此后，从中国来的宝船先到马六甲停泊，然后各船按照所接受的任务分别行动。郑和还派人在这里建造了仓库，当中国宝船到达后就设立起成排栅栏，如同城垣一般，四门有更鼓楼，夜间有人巡逻警卫。去各国进行贸易的船只回到这里集合，然后整理货物，再装载到船上，等到五月南风正顺时节再返航回国。

第四次下西洋，郑和船队在行程上有了突破，到访了今天的马尔代夫、霍尔木兹海峡和伊朗，还首次绕过阿拉伯半岛，到达了非洲东海岸的肯尼亚等地。船队回国时，肯尼亚当地的国王派遣使节一同前来，带来了贡品麒麟（现在的长颈鹿）等珍兽。朱棣认为异邦进献麒麟是国势鼎盛的征兆，便亲自前往奉天门主持迎接麒麟的仪式。

这次远航，郑和船队到达苏门答腊时，恰好遇到那里争夺王位的纷争。企图窃取王位的苏干剌，见郑和按照朝廷旨意，站在对手新国王一边，与其开展贸易并且赏赐大量礼品，而对自己不加理睬，便恼羞成怒，率领一万多军队向郑和所部发起进攻。郑和率军力战，打败了苏干剌的军队，一路追击，最终将苏干剌俘获，并将其押解回国。明成祖为了防止苏门答腊再生祸端，便下令将苏干剌立即处决。

公元 1424 年，明成祖去世。公元 1431 年，明宣宗朱瞻基再次派遣已经 60 岁的郑和率领船队两万七千五百多人第七次下西洋。这次航行，郑和船队到达了如今的索马里，再往西南到达了非洲南端，接近莫桑比克海峡。公元 1433 年返航途中，郑和因劳累过度在印度西海岸古里去世，如今南京南郊的牛首山上有郑和墓，但那只是他的衣冠冢。

郑和下西洋是 15 世纪末欧洲地理大发现以前，世界历史上规模最大的海上探险活动，为世界航海事业和人类文明进步做出了巨大贡献。

明宣宗朱瞻基（1399—1435年）

明仁宗朱高炽之子，明朝第五位皇帝。明宣宗励精图治，知人善任，他在位时明朝的经济、政治等都得到了空前的发展，历史上把明仁宗和明宣宗在位期间称为『仁宣之治』。

《明宣宗行乐图》卷

明，纵 36.7 厘米，横 690 厘米。现藏于故宫博物院。此画卷表现的是明宣宗朱瞻基着便服在园中观赏体育活动表演的场景，通过画中射箭、蹴鞠、马球、捶丸、投壶，等等诸多体育活动，可以了解到古人的文化体育生活。此卷描绘了大量的建筑，以细腻工整的手法还原了明代皇宫精致的亭台楼阁，生动地向我们展现了太平盛世下，皇宫琳琅的建筑和奢华的生活。

内阁首辅张居正

明代史学家王世贞称他是“救世宰相”，他生前的死对头李贽赞他为“宰相之杰”，梁启超说他是“大明史上唯一的政治家”，史学家黄仁宇称他是“智慧的象征”。他是一个真正的英雄，也是一个孤独的英雄，有人说，若他还活着，明朝不至于如此，他就是“历史上最失败的改革者”张居正。

“神童”张居正

公元1525年端午节，张居正出生在荆州府江陵县（今湖北省荆州市）。张居正出生之前，其曾祖父做了个梦，他梦到一轮圆月落在水瓮里，把四周照得透亮，然后一只白龟从水中慢慢浮了起来。曾祖父认定白龟就是自己的小曾孙，于是便信口给他取了个乳名“白圭”，希望他长大成人后可以光宗耀祖。

张居正从小便聪颖过人，年纪轻轻就成了当地远近闻名的神童。公元1536年，11岁的张居正参加童子试，深得荆州知府李士翱（áo）的喜爱，李士翱嘱咐他从小要立大志，长大后要为国尽忠，并替他改名为“居正”。第二年，12岁的张居正参加乡试，可没想到，信心满满的他居然落榜了。

当然，他的落榜完全是人为的，使他落榜的人，也是个神童级别的人物——湖广巡抚顾璘。顾璘认为一个人12岁就中举，以后便会自满，反而把上进的志气打消了，不利于这个人的长远发展。因此，他主张给张居正一些挫折，让他继续努力，追求更高的目标。

公元 1540 年，15 岁的张居正顺利通过乡试，考中举人。顾璘虽然认为 15 岁中举也有些太早，但还是很为张居正高兴，他把自己的犀带赠给张居正，并对他说：“古人都说大器晚成，这是为中材说法罢了，你不是一个中材，我希望你要有大的抱负，要做伊尹，做颜渊，不要做少年成名的秀才。”

其实，顾璘的见解就是孟子那个“天将降大任于斯人”的观点。三年时间，对于张居正来说未必有“劳其筋骨，饿其体肤”的苦，但是却有了“苦其心志”的挫折。

内阁首辅张居正

公元 1547 年，张居正中二甲第九名进士，授庶吉士。庶吉士为皇帝近臣，负责起草诏书，为皇帝讲解经籍，是明内阁辅臣的重要来源之一。为加强中央集权，明朝废丞相，设内阁。明朝的内阁相当于皇帝的秘书班子成员，首席内阁学士称首辅，实际上就是宰相。张居正入选庶吉士后，在内阁重臣徐阶的引导下，努力钻研朝章国故，为他日后走上政治舞台打下了坚实的基础。

徐阶当了内阁首辅后，张居正很快升为礼部尚书兼武英殿大学士，加少保兼太子太保，进入了内阁。张居正眉清目秀，胡须奇长，敢于做事，自信豪放，又城府很深，每一出语，又很得要领，大家都敬畏他。公元 1568 年夏，徐阶年迈致仕。次年，高拱做了内阁首辅，控制了内阁大权。

高拱与张居正本为好友，但高拱高傲独断，不把张居正放在眼里。公元 1572 年，明穆宗病殁，不足十岁的明神宗万历皇帝即位。张居正本以为可以趁皇帝年幼一展抱负，推行变革，可保守的高拱却不肯采纳张居正的变革建议。张居正虽然内心很不满，外表却跟从前一样的恭敬。

与高拱早有矛盾的司礼监秉笔太监冯保，深得两宫太后和皇帝的宠爱。

明神宗朱翊钧（1563—1620年）

明朝第十三位皇帝，明穆宗朱载垕第三子。10岁即位，年号万历，在位48年，明朝即位时间最久的皇帝。万历四十八年驾崩，庙号神宗。

高拱早已看出冯保的擅权，就召集阁臣张居正等人商议除去冯保。平时就与冯保很要好的张居正就把内阁商议的事悄悄告诉了冯保，冯保去找两宫太后哭诉，两宫太后平日就知高拱跋扈，在内阁唯我独尊，又觉得首辅连个内监都不能容，毫无宰相度量，于是便传旨召集群臣，下诏说大学士高拱揽政擅权，威福自专，命回原籍闲住，即刻起程，不许停留。高拱被赶走后不久，张居正便做了内阁首辅。

“帝师”张居正

光是当上个内阁首辅，还并不足以让张居正顺利按着自己的意愿去推行改革，于是，在内阁首辅之外，张居正又给自己弄了个“帝师”的头衔。但

明冯德三像

明沈鼎臣像

明史可法像

明唐司勋郎罗公隐像

明杨公元像

明右军彭德先像

明御史宋公学像

明赵立本像

明代名臣小像

清，佚名，美国沃尔特斯美术馆藏。八位明代忠贤臣子的画像。

给皇帝当老师，既立威，又结怨，这一头衔既帮了他，又害了他。

当上帝师后，张居正决定每十天一次的“经筵”由自己来主讲。所谓“经筵”，指的是汉唐以来为帝王讲经论史而特设的御前讲席。张居正要用讲经来影响皇帝，树立自己的威信。每月三次的“经筵”，主要阁臣都要出席，每次除讲经外，张居正还讲《贞观政要》，他要让小皇帝做一个像李世民那样开明的帝王，这样他才能顺利推行自己的政治主张。

小皇帝对“经筵”很感兴趣，十天一讲不解渴，要张先生（皇帝对张居正的尊称）“日讲”，甚至还要“午讲”，有时皇帝还跟张先生促膝谈心，一口一个张先生，十分恭敬亲热。张居正也不断用自己的政治主张去影响小皇帝，当小皇帝对张居正拥有绝对信任后，张居正知道，自己施展抱负、进行变革的机会到来了。

张居正是皇帝的臣子，也是皇帝的老师，但他却完全没把自己当臣子，对万历皇帝他是想说什么就说什么，想做什么就做什么。有一次，万历在读论语，张居正在一旁听着，读到“色勃如也”的时候，小万历把勃读成了“背”音，按说这么一件小事，告诉一下就可以了，张居正却突然大吼：“这个字读‘勃’！”小万历被吓得直发抖，时间一长，万历对张居正的印象也就不再像以前那样好了。

万历皇帝年纪太小，所以大多政事都是张居正在干，平日里没有事做，万历就喜欢跟太监们一起玩。太监们丢沙包，万历也跟着丢沙包；太监喝酒，万历也偷偷喝酒。

有一天，万历喝醉了闲逛时碰到一个太监，他让太监唱歌给他听，太监看到皇帝不敢唱，于是万历便把太监打了一顿，还割了太监一束头发。这事被李太后知道后，万历被罚跪了一天，期间李太后还让万历看了《汉书·霍光传》，其中的深意就是：虽然你是皇帝，但在你的身边，也有一个可以废掉你的霍光。看了文章之后，万历后背满是冷汗，他知道谁是自己身边的霍光。万历小的时候很调皮，这时候李太后只要说一句话他就会安静下来，这句话就是：“使张先生闻，何如？”这就相当于小孩子不听话时，父母常说的“再不听话，让人贩子把你带走”一样。如果万历以前对张居正的感觉是“怕”，那在他看到《汉书·霍光传》后，这种感觉就变成了“恨”。

当皇帝对帝师张居正的“怕”变成“恨”的时候，张居正的改革一步步走向失败，也就没有什么意外了。

“改革者”张居正

从万历初年起，大权在握的张居正便开始一步一步地推行他的改革。在整顿了吏治、收拾了一些不听话的官员后，他开始改革赋税制度，实行“一条鞭法”。把各州县的田赋、徭役以及杂役总为一条，合并征收银两，按亩折算缴纳，即把丁役分摊到土地里征收，这就是所谓“摊丁入地”。这种做法大大简化了税制，方便征收税款，同时也使地方官员难以作弊，进而增加财政收入。

这项措施在中国赋役制度改革发展的历史进程中具有划时代的意义，其使明政府的岁入显著增加，财政经济状况也得到很大改善，国库储备粮食多达1300多万石，可供五六年食用，比起嘉靖年间国库存粮不够一年用的情况，已经有了很大的进步。

在军事上，他用戚继光镇守蓟门（今河北省迁西县西北），李成梁镇守辽东（今辽宁省辽阳市），又在东起山海关西至居庸关的长城上加修“敌台”三千多座，加强北方的防备。

在边疆实行互市政策后，马匹数量大增，减少了太仆寺需要的种马，就让老百姓折价交银，使太仆寺积蓄金达四百余万。互市又使边疆在政治、经济上保持稳定、正常，如封蒙古土默特部首领俺答汗为顺义王，在大同、宣府、甘肃等地立茶马互市，保持贸易往来，使得俺答汗长久没有来犯边关。

改革虽然向着好的方向发展，但却不是对谁都有利的，那些被触及利益的人，对张居正恨之入骨，想着法子阻拦改革。

明代马射图与步射图

选自《三才图会》。明朝武科考时间比较晚，而且重弓马。考试时，初考骑射，二考步射，三考策论。行至崇祯四年辛未科，在骑射、步射的基础上增加了刀石考试，这便是“弓刀石马步箭”。

公元 1582 年夏，张居正病逝。在张居正过世没几天，朝中的言官们便将矛头对准张居正，一点又一点地数落着他的“罪过”。太过严格的教育和近乎强制的约束让万历皇帝对张居正也心怀恨意，恰逢张居正被弹劾、举报，他便下令抄没张居正的家产，抹杀其一切的功德荣誉，改变他所有的变法政策，最后在舆论的压力下，万历皇帝才没有进一步施展自己的“报复手段”。一代首辅的改革事业在这般折腾之下，很快便失去了效果。

张居正的改革无疑是继商鞅、秦始皇以及隋唐之际革新之后，直至近代影响最为深远的改革，其在一定程度上缓解了阶级矛盾和民族矛盾，延长了明王朝的国祚，但却并没有从根本上改变明王朝走向衰落的命运。

不上朝的万历皇帝

张居正死后，万历皇帝开始亲政。这位万历皇帝不单是明朝在位时间最长的皇帝，同时也是明朝不上朝时间最长的皇帝。作为皇帝，他居然近三十年不上朝，这在中国历史上，可以说是空前绝后的了。更为重要的是，虽然大明王朝是亡在他的孙子崇祯皇帝手里，但“冰冻三尺非一日之寒”，大明王朝最终走向灭亡，万历皇帝是无论如何也摆脱不了干系的。

在大明王朝走向灭亡的进程中，万历皇帝都应该承担哪些责任呢？对于这一问题，主要可以从三个方面去总结，或者也可以说万历皇帝亲手栽种了“压倒明朝的三根稻草”。

国本之争

万历皇帝朱翊钧，出生于公元1563年，登基于公元1572年，年号万历，庙号神宗，死后葬于明十三陵中的定陵。万历皇帝在位48年，是整个明朝在位时期最长的皇帝。也正是这位在位时间最长的皇帝，让本来就已经国运中衰的明朝彻底失去了复兴的机会。

万历皇帝的父亲隆庆皇帝亲善仁和，可惜主政没多久就去世了。万历皇帝的母亲李太后大胆任用张居正和冯保，进行了一系列改革，大大改善了人民的生活状况和政府的财政收入，于是才有了“万历中兴”的局面。但好景不长，随着张居正去世，冯保被排斥，万历皇帝的本性开始发作，出现了近三十年不上朝的怠政。与此同时，在他的治理下，明王朝也产生了诸多隐患，甚至出现了灭亡的前兆。这“压倒明朝的第一根稻草”，就是国本之争。

在立太子这事上，朱翊钧并不想按常规之法立皇长子朱常洛，反而倾向于自己宠爱的郑贵妃所生的儿子朱常洵，这自然会遭到众多大臣的强烈反对。深感自己私生活受到挟持的朱翊钧通过杖打、贬谪、不理睬等种种手段来打压反对的声音，意图磨灭群臣的斗志，整个过程竟然持续了15年之久，直至公元1601年朱常洛才终于被立为太子，而朱常洵则被封为福王。

整个事情虽然已经告一段落，但其对明朝历史发展的进程却产生了深刻影响。朱翊钧自此也心灰意懒，不再过问朝政。由朝廷争论催生的东林党人由此坐大，继而又引发了连绵不断的党争，带来无数后患。这一切的根由都在于朱翊钧未以国家为重，反以私心乱国，在国事和家事孰轻孰重的权衡下任性自私所致。

东林党

东林党是明朝末年以江南士大夫为主的官僚阶级政治集团，其参与者多以文官、学士为主，他们经常聚在一起讽议朝政、评论官吏，主张革除弊政，严惩贪腐，这种主张显然与渴望掌权的宦官集团相悖，遂遭到对方的强烈反对，原本的政见分歧逐渐演变为激烈的党争，让本就混乱的朝政变得越发混乱。

矿税乱国

万历皇帝亲政之后，立即抄查了大太监冯保、首辅张居正的家产，把所有细软都搬进了内库。之后他又从内廷挑选宦官担当“矿监税使”，光明正大地搜刮天下民财。上梁不正下梁歪，这些宦官到达地方之

北京宫城图

佚名。纵163厘米，横97厘米。这是明早期绘制的北京宫城图。宫城即大内，又称紫禁城。紫禁城于永乐四年（1406年）始建，永乐十八年基本完成，是在元大都宫殿遗址上兴建的。前部为奉天殿、华盖殿、谨身殿，东文华殿，西武英殿，后部为乾清宫、交泰殿、坤宁宫。明成祖时期修建的宫城仅有内城，在嘉靖年间才扩建外城。

五彩瓷笔架

明代万历款。此为瓷制笔架，品相上乘，色泽鲜艳，带不规则孔；呈五峰形，各绘一龙，峰头即龙头，龙身延至下方，附木座。

后除了替万历皇帝敛财以外，还中饱私囊，以万历皇帝的名义欺压百姓，强取豪夺，搞得民不聊生，天下纷乱。

其中，以大太监高淮的所作所为最为典型。公元1596年，高淮受命开矿，征税辽东。他先是逮捕了因税款严苛而民变的数十人，随后又为了贪墨军士月饷而诬劾辽东总兵马林，最后倒打一耙，诬陷同知王邦才、参将李获阳。这一无耻行为直接激起辽东、前屯卫、金州、松山等地军事哗变，而这些地方恰恰是防卫后金的第一线，后金由此得到了壮大的机会并对明朝产生了直接威胁。矿税乱国是朱翊钧贪钱所致，要不是他的命令，再有胆的宦官也根本没有这个机会去作乱。

万历三大征

“万历三大征”既是“压倒明朝的第三根稻草”，又是万历皇帝一生中最大的功绩和亮点。

“万历三大征”是公元1592年至1600年，万历皇帝先后在明王朝西北、西南边疆和朝鲜展开的三次大规模军事行动：平定蒙古人哱拜叛变的宁夏之役、抗击日本丰臣政权入侵的朝鲜之役，以及平定苗疆土司杨应龙叛变的播州之役。三场战役都大获全胜，有力维护了明朝的统一状态，粉碎了日本侵略朝鲜的野心，为明帝国边境的安定做出了巨大贡献。

“万历三大征”的胜利解决了大明王朝日益严峻的国防问题。作为一个边患十分严重的王朝，大明从建立之初就在不停地处理此类事件，几乎所有皇帝都遇到过，比较著名的有明成祖朱棣多次亲征漠北、戚继光抗击倭寇，等等。在这样一个边患迭起的时代，大明王朝的历代皇帝似乎都具有一种默契：有冲突基本考虑的都是怎么征讨，皇帝养成了“专治各种不服”的暴脾气，这个朝代，创造了“无汉唐之和亲，无两宋之岁币”的奇迹，一直为后人所称道。

《太平抗倭图》

又名《关帝君显神图》，明朝周世隆作。纵224厘米，横180厘米。描绘的是太平（今浙江温岭市）人民反抗倭寇（日本）侵略的画面。中日两国很早之前人民就友好往来，但在明朝时期，倭寇不断侵扰我国沿海地区，中国人民奋起反抗。

它不仅是个成绩，更重要的是代表了一种不可侵犯的威严——因此，“万历三大征”之后，骄傲而满意的万历皇帝不厌其烦地莅临处死战犯的现场，将自怠政以来受过的气一吐为快。但万历皇帝在为他空前的军事里程碑扬扬得意的时候，显然没有冷静地回望，除了胜利的喜悦，这三大征究竟还给明王朝带来了什么，在整个过程中又暴露出了怎样的“旧疾”。

经济方面的问题是最为明显的，打仗肯定是需要费用的，“万历三大征”的开销更是惊人地大：宁夏之役消耗白银二百余万，朝鲜之役共用去七百余万，播州之役也用去了二三百万。总计一千二百多万，而根据折算，明朝永乐年间的财政收入也不过七八百万两，这样毫无节制一笔一笔地支出银两，再大的国库也支撑不住。若不是此前张居正为他积累下的雄厚财政基础，万历皇帝这几场仗是很难赢下来的。

但是张居正已经去世很久了，再也没有一个那样强大的宰相能给明朝带来一场“中兴”，经济已经到了很吃紧的阶段，但是治理国家依然到处都需要用钱。明末自然灾害奇多，赈灾的钱哪里来？灾荒年月民变也多，镇压民变的军费又从哪里来？这些都是大问题，再到后来，女真崛起，辽东军饷又要用钱……可以说，三大征留下的经济危机成了明朝灭亡的“火药桶”。

纵观整个战争的过程，万历皇帝仗着自己财大气粗，没有刻意地节约下点滴费用，相反，他是带着一种炫耀，甚至调皮的心理去打仗的，这体现出的就是万历皇帝本身责任感的缺乏，每场战争都是以惨败开始的，接着调换将领、引起重视才得以胜利。这其中固然有官员无能的问题，但作为一个决策者，万历皇帝没有为国用支出精打细算的本能，这是他的失职。如果这些战争打得更谨慎一些的话，应该是不至于花费这么多钱的，经济的内伤是“万历三大征”很突出的后遗症。

军事方面的问题也同样明显，虽然这三场战争都赢了，却并不能说明军事是强大的，因为每一场都是用尽全力、精疲力竭才打下来的。平哱拜，最后不得已用了下策，放黄河水淹了人家才赢的；逐日本，是靠拖延战术，拖得丰臣秀吉都死了之后，才趁机歼敌的；就连收拾一个西南山区的小土司，都是输惨了以后，把出国作战的大将调回来才取得胜利的。

所以细看，这三场战役暴露出明军的作战能力其实很疲软，而且不同地区军力水平相差太大。戚继光、李成梁等人训练出的军队是很有战斗力，但其他地方的军队就不好说了，哱拜就是因为看见宁夏明军的作战能力与自己相差太远，才坚定了造反的念头。一个庞大帝国的国防能力竟然如此脆弱，如果还有第四场战役，它还能撑得住吗？这也是三大征无法忽视的另一个大问题。

公元1618年，努尔哈赤以“七大恨”誓师反明，接连攻陷抚顺、清河。公元1619年，在万历皇帝的不断催促下，杨镐统领的20万明军，兵分四路意图围歼后金军。努尔哈赤决定“凭尔几路来，我只一路去”，后金军队集中兵力、各个击破，五天之内，先破明军西路主力、再破北路军、东路军，引起南路军溃逃，最终大败明军，这场战役便是明朝灭国的开端之战“萨尔浒之战”。

战争前，万历皇帝横征暴敛，致使辽东军心不稳、粮饷不足；战争中，万历皇帝不顾现实军情，一味催促出战，加之用人不明、计划不周，致使将领互相掣肘终成大患；战争后，朱翊钧为应付军费，加派辽饷、剿饷、练饷，让明朝百姓本就艰难的生活雪上加霜，引起天下震动，动摇了国之根本。

进行“万历三大征”使得大明王朝消耗了巨大的人力、物力、财力，动摇了国家的根基。而在“萨尔浒之战”后，明朝和后金攻守逆转，后金成了辽东真正的主宰，明朝则逐渐走向灭亡。

纵观万历皇帝的一生，前 20 年他都生活在张居正的阴影里。亲政后，他也曾努力奋斗过，但由于中后期的懈怠放纵，自私贪心，以致干出了许多荒唐事。这样一位帝王，除了让人徒留叹息之余，更多的是让人多了一份君子“勿以恶小而为之”的自省。

悲情英雄袁崇焕

“萨尔浒之战”后，明朝和后金攻守逆转，到公元1622年，已经有几十座城池落入了后金手中。也正是在这一年，抗清名将袁崇焕投笔从戎，开始了自己精彩而悲壮的抗清生涯。

八年后的公元1630年，袁崇焕被崇祯皇帝凌迟处死之时，无论是朝中臣僚还是京城的老百姓都恨之入骨，痛骂这个卖国贼。凌迟之日，老百姓群情激愤，不断向袁崇焕投抛烂菜头与臭鸡蛋。而袁崇焕毫无惧色，面对一张张愤怒的面孔，他口占一首绝命诗：“一生事业总成空，半世功名在梦中。死后不愁无勇将，忠魂依旧守辽东。”而后从容就死。

为什么从崇祯皇帝到老百姓都对袁崇焕如此痛恨？为什么袁崇焕能够大义凛然从容就死？他究竟是不折不扣的卖国贼，还是被无辜错杀的国之忠臣？想要了解这些问题，还要先从袁崇焕走上仕途开始说起。

志在塞外经略辽东

袁崇焕出生于公元1584年，35岁那年考中进士，被任命为福建邵武知县。当知县时，他喜欢与人谈论兵法，遇见退伍的老兵，还会与其讨论一些边塞上的事情，这让他对边塞的状况有了一定的了解。

公元1622年，袁崇焕往京城觐见明熹宗朱由校，被破格提拔在兵部任职。

明熹宗朱由校（1605—1627 年）

明朝第十五位皇帝，明光宗长子，16 岁时登基，在位七年，在位期间，魏忠贤乱政，激起民变；后金不断侵扰，内忧外患。天启七年（1627 年）驾崩，时年 23 岁。庙号熹宗。

山海关

选自《唐土名胜图会》。山海关，是明长城的东北部的防御性关隘，1990 年以前被认为是明长城东部端点。明洪武十四年，筑长城建关隘，因依山连海，故名山海关。

不久后，广宁卫（今辽宁省北镇市）被后金军攻陷，朝廷打算派人去镇守山海关。袁崇焕得知这一消息，便一个人前往关外查探敌情。回朝之后，他上言称：“只要能给足兵马钱粮，我一个人就能镇守住山海关。”

对于袁崇焕的才能，朝中大臣多有夸赞，这使得他又一次获得了破格提拔的机会。很快，朝廷破格提拔袁崇焕为兵备佥事，督关外军，拨给帑金二十万，并让其招兵买马。

袁崇焕到任后，正在经略辽东的兵部尚书王在晋打算在山海关修筑防御工事，但袁崇焕却觉得应该将工事修在二百里外的宁远（今辽宁省兴城市）。两人谁也说服不了谁，袁崇焕只得直接将事情报告给内阁首辅，朝廷派孙承宗亲自到山海关进行实地考察后，批准了袁崇焕的建议。

公元 1623 年初，孙承宗派袁崇焕协助前线将士修筑宁远城。次年，关外重镇宁远城顺利竣工。

出色完成任务的袁崇焕，深得孙承宗器重，但袁崇焕的“好日子”并没有持续多长时间。公元 1625 年，孙承宗在朝堂党争中落败，被免去了职位，依附宦官的高第赴辽阳经略辽东。高第尽撤锦州、右屯卫、大凌河等重要关隘的守军，放弃关外四百公里的军事重地。

没了靠山的袁崇焕毛遂自荐到辽东边关，守卫宁远城，坚决反对撤兵，誓与宁远城共存亡。朝廷准了袁崇焕的请求，但却没有给他任何支援，宁远成了挺立在关外的孤城，城中只有两万左右守军，周边没有可以支援的明军。

后金努尔哈赤面对千载难逢的好机会，于公元 1626 年春正月整顿兵马，率大军冒着凛冽的寒风，在诸贝勒与将领们的簇拥下，几乎倾巢而出，十三万大军浩浩荡荡杀到了宁远城下。在攻城之前，努尔哈赤派人给袁崇焕递了一份劝降书，许以高官厚职，共享富贵，但如若不降，便踏平宁远城。袁崇焕早就做好了守城的准备，回复道：“城在人在，城亡人亡。”

努尔哈赤见袁崇焕不降，怒发冲冠，发誓一定要攻下宁远城。他亲自指挥八旗子弟攻城，一时间号角连天，杀声震耳，与此同时，宁远城头也是金鼓大振，炮声起伏，一颗颗炮弹在八旗军中炸响，硝烟四起，激战从清晨持续到子夜，酣战不止。

第二天，八旗兵马的攻势丝毫没有减弱，一波接一波地进攻，却始终没有进展，攻与守持续了几日，

督师

督师并不是明朝的官职，但却是明朝除皇帝外最大的地方掌权者，他们手中的权力主要是军权，所以督师所表达的更多是其字面上“统率军队”的意思。

一般能够成为督师的人自身的级别也是比较高的，像孙承宗和杨嗣昌都是内阁大学士，袁崇焕被称为督师也是因为有兵部尚书的头衔。

努尔哈赤（1559—1626年）

清朝的奠基人，于明神宗万历四十四年，建立后金，多次征战明朝，攻下明朝多座城市。天命十一年（1626年）七月葬于沈阳清福陵。

宁远城仿若铜墙铁壁，十几万大军无论采取什么方式也无法破城。无奈之下，努尔哈赤只得下令收兵，撤围而去。据说撤兵的原因是努尔哈赤在城下指挥时中炮受伤，不得不退兵，后来炮伤加重，一代枭雄随后去世。袁崇焕取得宁远大捷，崇祯皇帝十分高兴，破格提拔他为兵部尚书兼右副都御史，督蓟、辽，经略辽东防务。

公元 1627 年，新任后金大汗皇太极，率领八旗军主力全员出动，加上部分蒙古仆从军全力进攻，袁崇焕指挥数万明军苦战二十余日，令鞑虏终无计可施。在最后的宁远城决战中，面对皇太极亲领的数万八旗主力，袁崇焕据守宁远堡垒，援军列阵宁远城外，与敌军短兵相接，奋力厮杀，在炮火支援下大败敌军，打死、打伤八旗军各数千人。皇太极败退后转攻锦州，又被守将以红夷大炮还击，再折兵数千人，被迫撤军。此役，史称“宁锦大捷”。

接连大胜，让天启皇帝颇为高兴，京师的魏忠贤及其党羽，人人以此战之功加官晋爵，荫袭子孙，就连还在吃奶的小孩子，也因此推恩得了个伯爵。袁督师大名从此威震辽东，令清兵闻名丧胆。

罪在朝堂凌迟而死

既然为保卫明王朝立下如此大功，袁崇焕为何最终还会落个凌迟之难呢？这便要从明朝廷内部的各种斗争说起了。

袁崇焕投笔从军之时，已是内忧外患之世，明朝的社会矛盾空前激化。尽管在宁锦保卫战中，袁崇焕再次证明了自己的能力，但因为没有讨好魏忠贤，袁崇焕也只得辞官归乡。

公元 1627 年，明熹宗朱由校驾崩，崇祯皇帝朱由检继位，他设计除掉了魏忠贤，重新起用袁崇焕，并在公元 1628 年升他为兵部尚书，督师蓟州（今河北蓟县一带）、辽东，兼管登州（今山东省蓬莱市一带）、莱州（今山东省莱州市一带）以及天津等地的军事。

出征前，崇祯皇帝问袁崇焕：“怎样才能防守关外，收复辽东？”袁崇焕答道：“全权交给我，让我独立处理重大问题，五年时间便可恢复辽东全部地区。不过，五年之内，户部转运军饷，工部供应武器，吏部委派官员，兵部调兵遣将，都要事事配合得很好，才能达到目的。”崇祯皇帝答应了袁崇焕的条件，要求相关各部全力配合袁崇焕收复辽东。

袁崇焕害怕自己到了边关后，朝廷中还会有人再次诽谤自己，便向皇帝强调：“打仗我还是行的，但是来自同僚的诬陷与敌方的离间，我可是吃不消的，请皇上多信任我。辽东地区宜守不宜战，而且还要配以和谈，以行缓兵之计。”

对于袁崇焕的顾虑，崇祯以优诏答复，并将王之臣、满桂的尚方宝剑赐给了袁崇焕。袁崇焕拿着皇上赏赐的尚方宝剑再次来到前线，成为东北地区和渤海湾部分地区的最高指挥官。他把自己最得力的三员大将分别安排驻守在锦州、宁远和山海关。这一刻袁崇焕已然达到了其军旅生涯的巅峰。

得闻袁崇焕重回辽东，皇太极便不敢再取道宁锦以入山海关，但是却可以取道蒙古，从蓟门入寇。袁崇焕虽然当上了辽东督师，但是蓟辽、蓟州其实是不受他节制的，所以他上疏请朝廷务必加强遵化的防守，增设团练总兵。他虽连上三疏，但朝廷却因他推荐的总兵人选被弹劾，而未予理睬。

当朝中大臣们还在“纸上谈兵”之时，皇太极已接受叛将高鸿中的建议，在公元1629年冬，率领满兵十余万，以蒙古兵为前导，从喜峰口攻入长城，攻陷遵化，直逼京城。崇祯皇帝显然被这阵势吓坏了，连忙派人勤王，袁崇焕也急忙率部支援京城，虽然最终皇太极撤兵返回，但这让那些与袁崇焕积怨颇深的官员非常不满，他们都认为是袁崇焕放皇太极入关，并诽谤他与后金勾结，就连崇祯皇帝也开始怀疑起袁崇焕来。

宦官魏忠贤的余党早就对袁崇焕恨之入骨，他们借机联名上奏袁崇焕私自与后金谈判议和等罪名，将袁崇焕推入了万劫不复之地。已经对袁崇焕有所怀疑的崇祯皇帝，马上判断袁崇焕就是一个奸佞之臣，是卖国贼，于是，便以通虏谋款、擅主和议、纵敌长驱的罪名将袁崇焕凌迟处死，并将其家人流放三千里，抄没其家产（实则袁崇焕根本家无余财）。

努尔哈赤与皇太极都曾与袁崇焕有过交手，都没有得到什么便宜，现在明朝廷自取灭亡，杀掉了袁崇焕，皇太极也就没什么顾虑了。当时义士程本直就上疏崇祯皇帝说：“崇焕冤死，本直义不独生。伏乞皇上骈收臣于狱，俾与崇焕斩于市。”可见当时还是有明辨是非之人，为袁崇焕鸣不平。然而崇祯皇帝怨人不怨己，就是错杀了袁崇焕，也认为杀得对，袁崇焕是有罪的。“朕非亡国之君，臣皆亡国之臣。”一位皇帝能够说出这样的话，把所有的责任都推到大臣身上，洗白自己，不成为亡国之君才奇怪。

袁崇焕是个英雄，他不擅权谋，凭着一腔热血，力抗强清，孤悬域外，以一城护天下，他的一生都在以他的方式报效大明。他冲天的干劲，执拗的蛮劲，刚烈的狠劲，在当时萎靡的明末朝廷中，显得格外突出。岳飞也好，袁崇焕也罢，他们都历经坎坷，蒙受冤屈，但群众的眼睛是雪亮的，历史是公正的，他们的历史贡献永远不会被抹杀。

图书在版编目（CIP）数据

纪连海点评中华上下五千年. 人物卷 / 纪连海著. —北京：中国工人出版社，2021.7
ISBN 978-7-5008-7680-9

Ⅰ. ①纪… Ⅱ. ①纪… Ⅲ. ①中国历史 – 通俗读物②历史人物 – 生平事迹 – 中国 – 通俗读物 Ⅳ. ①K209 ②K820-49

中国版本图书馆CIP数据核字（2021）第117617号

纪连海点评中华上下五千年. 人物卷

出 版 人 王娇萍
责任编辑 葛忠雨
责任印制 黄　丽
出版发行 中国工人出版社
地　　址 北京市东城区鼓楼外大街45号　邮编：100120
网　　址 http：//www.wp-china.com
电　　话 （010）62005043（总编室）（010）62005039（印制管理中心）
（010）62379038（社科文艺分社）
发行热线 （010）62005996　82029051
经　　销 各地书店
印　　刷 三河市东方印刷有限公司
开　　本 710毫米×1000毫米　1/16
印　　张 19.75
字　　数 270千字
版　　次 2021年7月第1版　2021年7月第1次印刷
定　　价 88.00元

本书如有破损、缺页、装订错误，请与本社印制管理中心联系更换
版权所有　侵权必究